传播的逻辑

THE LOGIC OF COMMUNICATION

30 Truths to Make Brands, Stories and Opinions Go Viral

引爆品牌、故事、观点的30个真相

赵明 著

图书在版编目（CIP）数据

传播的逻辑：引爆品牌、故事、观点的30个真相 / 赵明著. -- 北京：机械工业出版社，2025. 7 (2025.9 重印).
-- ISBN 978-7-111-78599-6

I. F713.365.2

中国国家版本馆 CIP 数据核字第 20259SR003 号

机械工业出版社（北京市百万庄大街22号　邮政编码100037）

策划编辑：白　婕　　　　　　　　　责任编辑：白　婕

责任校对：王文凭　张慧敏　景　飞　　责任印制：刘　媛

三河市宏达印刷有限公司印刷

2025年9月第1版第2次印刷

147mm×210mm · 10.25印张 · 3插页 · 200千字

标准书号：ISBN　978-7-111-78599-6

定价：79.00元

电话服务	网络服务
客服电话：010-88361066	机　工　官　网：www.cmpbook.com
010-88379833	机　工　官　博：weibo.com/cmp1952
010-68326294	金　　书　　网：www.golden-book.com
封底无防伪标均为盗版	机工教育服务网：www.cmpedu.com

| 名家推荐 |

赵明在媒体和企业这些年，勤学善思，对品牌传播，既有大量实践，也有深度思考。

本书从一个个鲜活的案例出发，结合对经典理论的思考，回答了在信息过载、注意力稀缺的时代关于“有效表达”的一系列问题：如何与家人沟通，与同事沟通，与客户沟通，与公众沟通？面对社交媒体、舆情危机、品牌营销，应该用理性思维还是感性思维，情绪还是立场，“病毒”还是段子？全书生动有趣，有思考，有力量，有深度，有广度，推荐给所有朋友。

齐向东　全国工商联副主席

奇安信科技集团董事长

往事并不如烟。赵明在媒体时，我就认识了这个睿智勤奋、具有独特思辨力的年轻人，并关注到他的大量文章，从中打开了连接互联网发展大势的新视角。他结婚时邀请我参加婚礼，记得张朝阳等互联网企业大佬都到场祝贺，热烈的婚礼与热烈的互联网企业发展相互映衬。那之后不久，我便读到了他的著作《企业家的逻辑》。但没想到他突然华丽转身，下海到优酷、360、乐信等企业当起了高管，扎扎实实地做了20多年企业，成就颇丰。

本以为他将“沉入海底”，终身从事市场工作时，又收到他的新作《传播的逻辑》。作为多年的好朋友，我认真拜读了他的著作，说实话，我还是被震撼到了！尤其是2025年年初发生的美国“Tik Tok难民”涌入小红书的奇观，我从赵明的著作中找到了答案。这特别像赵明在《传播的逻辑》中提出的传播存在沟通误区，他谈到理性、感性与情绪；谈到对于网上舆论的偏好，分析立场还是情绪，为何有人理性地选择非理性行为；谈到社交媒体时代的人们为什么沉醉于表演，在一个全民疯狂于公众表演的时代，人们之间却缺乏爱、渴望爱、失去爱。

2025年开年，我们站在科技与文化的交叉路口，赵明的《传播的逻辑》将为我们掀开人类文明与传播的底层逻辑的一角，探索传播方式与传播革命的“曙光”。在推荐可供读者深入阅读和思考的书籍中，我首推这部既有逻辑也有来自企业传播实践的创新力作。

陈文玲　中国国际经济交流中心总经济师

我与赵明兄相识于互联网萌发之时。他是北大高材生，思维敏捷，很快选中互联网作为切口，策划了“三人行”栏目，是最早深度报道互联网和电子商务发展的媒体人之一。之后，赵明兄审时度势，华丽转身，无论是在优酷、360，还是在乐信，他都保持着高度的敏锐性，在关键时刻做正确的事情。如今，我们都处于“后真相时代”，大家都面临着如何破解“信息茧房”效应，以及如何避免掉入“大脑腐烂”的陷阱。我相信，我们可以从赵明兄的力作《传播的逻辑》一书中找到答案。

荆林波　中国社会科学评价研究院院长

品牌思维及品牌传播是企业生存发展不可或缺的能力。

赵明的著述既有大量的鲜活案例，又有细致的深入思考，还有整体的系统逻辑，尤其是他将一些零碎无序的经验提炼成可复制的方法论，更是难得。由此，遇惑解惑，《传播的逻辑》是个不错的选择。

张国有　北京大学信息技术高等研究院首席经济学家
北京大学原副校长

新媒体时代，内容生产与传播的门槛降低，用户兼具内容生产者、传播者、消费者等多重身份，从源头上释放了网络内容的多元性。新媒体以内容多元化、关系网络化、组织平台化、数据资源化等方式嵌入社会生活，呈现出“工具—媒体—平台—空间—社会”的生态化发展路径。企业品牌传播面临全新挑战。

赵明这本《传播的逻辑》，从新媒体时代的洞察出发，讲述了新媒体环境下品牌构建、营销创意、传播方法论这些企业核心战略的关键，提供了一整套基于实践的思考与方法，对于希望在新媒体时代有所作为、有所成就的读者，这本书是极具启发性的必读书目。

谢新洲　北京大学新媒体研究院院长

身处信息洪流中，如何让传播一击即中？赵明的《传播的逻辑》如同一把钥匙，解锁受众心理，从社交媒体的舆论风云到品牌营销的制胜策略，有洞察，有实战，助你在传播浪潮中“看到水流的方向”，开启有效传播的新途径。

陈伟鸿　著名主持人

我与赵明相识已 20 多年。

那时，新浪还在万泉河的一栋小楼中。

他是关注互联网行业最早的一批媒体人。

他较早转型到互联网企业，从事公关传播，是几家知名企业品牌传播的一号位人物，积累了许多宝贵的实战经验。

这些年，我们交流较多，他在传播领域颇有心得与感悟。

这本《传播的逻辑》，在出版之前我曾阅读。文字洗练、逻辑缜密、实例云集，值得每一位广义媒体从业人员阅读、收藏！

陈彤　一点资讯总裁

新浪原执行副总裁、总编辑

互联网的出现，本质上是传播的革命。从印刷术开始，到电报、报纸、广播与电视，都在传播技术演进的脉络里，现在进展到了互联网。这是一场颠覆式的变革，每个行业都到了剧烈的调整期。于是，各种传播之道，日日新，月月变，一年之后，迭代若干次。这种变化背后的逻辑何在？赵明这本《传播的逻辑》，在恰当的时机出现，对于正在经历变革的大家，相信会开卷有益！

李鸿谷　《三联生活周刊》主编

传播，表面上看是一门语言和文字的艺术，实际上更多是价值观、心灵的体验和人生的智慧。赵明对传播有着深刻理解，这和他长期处于舆论旋涡中心、传播前沿阵地有关。他是充满理想主义色彩但又不理想化的实践家，他的视角让我们对传播有了更清晰的认知。

邓庆旭　新浪高级副总裁、新浪财经 CEO

我的老朋友赵明是一个公关高手、知识杂家和热心人。

读这本书的时候，我常常能感到他在屏幕那边，为这些年来一次又一次本可以避免的舆情危机扼腕叹息，还有恨不得把多年经验一股脑掏出的热忱。

这本涵盖了品牌、营销、心理学和哲学的书，适合给公司管理者和市场从业人士进阶阅读，也能让那些不甘于从迷雾背后看世界的人发出会心一笑。

冯大刚　36 氪董事会联席主席、CEO

在人人都有麦克风的社交媒体时代，传播的方式已然巨变，传播的逻辑正在重构。怎样在众声喧哗中发现真知？如何在信息过载中收获智识？赵明以其 20 年企业传播的实战经验和深度思考，为我们呈现了这本鲜活而专业的上乘之作。无论是传播领域从业者，还是对传播感兴趣的读者，都能从中受益。

车海刚　中国经济时报社总编辑

| 推荐序一 |

2016 年 10 月，我与赵明在北京首次深入交流，他对品牌传播的理解让我印象颇深。

赵明加入乐信的这些年，我们共同经历了行业的跌宕起伏、顺逆交织，他和我时常交流一些认知与感悟。

所以当我读到他的书稿时，一点也不感到陌生，有些是一起交流时聊起的案例，有些是这些年我们交流过的话题。

借由对书稿的阅读，又带给我一些回顾与思考。

我们知道，品牌可以构建区隔性，建立信任与忠诚，增强企业竞争力，不仅关乎企业的形象和信誉，而且能影响消费者的购买决策。“现代品牌营销之父”戴维·阿克很早就提出，品牌即资产。与其他易于理解的有形资产不同的是，品牌是企业的无形资产，从企业经营和财务视角来看，品牌除了本身具有经济价值（可估值），还可以带来持续的超额收益，是创造经济价值不可缺少的一项资源。

乐信提供的是金融科技服务，品牌是否依然重要？毫无疑问，是的。首先，用户在明确看到offer(利率和额度)前，会先选品牌，品牌力太差，连牌桌都上不了——品牌直接影响转化。其次，品牌与利率和额度之间并非零和关系，好产品需要好品牌，好品牌同样需要有好产品。好企业一定要是六边形战士，既要有好产品、好服务，也要有好品牌。好品牌一定是建立在好口碑之上的，要想把品牌做好，底层一定要把产品和服务做好。

品牌既然是资产，就必须对品牌实施资产化管理，这是个润物细无声且长期的工作，应该深入业务经营的每个环节，通过不断投入来维护和提升其价值。

品牌是企业的宝贵资产，品牌传播是企业的核心战略，是超越营销的不二法则。美国前总统罗斯福曾说“不当总统就当广告人”，在当时美国经济由萧条到复苏的过程中，优秀的营销广告让很多不起眼的产品大卖，带动了整个经济的发展。但美国“定位大师”艾·里斯在其《广告的没落，公关的崛起》[㊀]一书中提出，营销广告会消耗媒介的可信度，会造成边际效益递减；而公关虽然也基于媒介，却超越媒介本身，能在用户心中种下种子，牢牢占据用户心智。在品牌建设的宏大叙事中，传播扮演着无可替代的关键角色，是品牌战略落地生根的核心。

㊀ 该书中文版已由机械工业出版社出版。

要想建立良好的公共关系，最有效的方法，一个是构建完善的话术体系，另一个是提出“基石”故事。我们乐信的关键任务，是坚守信任度，提升知名度，只有灵活运用公关与广告营销的“组合拳”，品牌战略才能从规划变为现实，赢得消费者认可与市场份额。

在自媒体快速发展的时代，传统品牌建设面临不小的挑战。如何适应新环境下的变化，需要每个企业去思考和实践。

社交媒体平台赋予企业与消费者直接对话的能力；短视频平台以生动、直观的内容迅速吸引海量关注，至今已成为 10 亿人获取信息的主要方式；直播带货开创了品牌推广与销售的全新模式；小红书、B 站等平台在年轻群体中已占据一席之地……多元的传播环境下，传播的逻辑需要重构。面对消费者的代际转换，面对每一次渠道红利，企业如何深入洞察各平台特性与受众偏好，制定差异化传播策略，确保品牌信息有效触达？面对挑战，企业又该如何应对舆情，维护企业声誉？这些问题，赵明在书中提到很多理论和案例，这里不再赘述。

多年前聊天时，赵明讲过扁鹊三兄弟的故事：神医扁鹊兄弟三人都精于医术，当魏文侯问兄弟三人到底哪一位医术最好时，扁鹊答：大哥最好，二哥次之，我最差。因为大哥是治病于病情发作之前，因能治未病、根除病因，所以毫无名气；二哥是治病于病情初起之时，人们以为他只能治轻微小病，名气只及于本地乡里；而我治病于病情严重之时，才会被认为医术高明，名气也比大哥二哥更大。其实，看见水流的方向、防患于未然是最高明的。但高明者不见得名声显赫。

希望读者能因这本书所探讨的理论与实践而得到启发，让品牌传播创造更大价值。

探索无止境，实践之树常青。

乐信公司 CEO　肖文杰

| 推荐序二 |

我与赵明相识已 20 多年。他是中国互联网行业的亲历者、见证者和参与者。

他曾是关注科技领域的优秀媒体人，给我做过多次专访，并将我的创业故事写进其著作《企业家的逻辑》里。

他也是较早转型到互联网企业从事品牌、市场工作的媒体人。在那个互联网崛起、混战的年代，他积累了许多宝贵的传播经验。

后来，他受邀加入奇虎 360，担任企业传播高级管理职位，带领 360 市场公关团队打过不少硬仗，和我、和 360 一起经历过一段激情燃烧的岁月。

即便他后来离开 360，我们的联系也从未间断，交流的话题大多跟品牌传播有关。如今，他邀请我为他的新书作序。看了他的书稿，我觉得很有意思，便欣然答应了。

与其说这是一本研究传播理论的书，不如说是一套企业传播的实战方法论。作为依然奋战在传播一线的老将，赵明用新的视角剖析传播理论，将自身多年积累的传播经验与理念融入其中，娓娓道来，让人意犹未尽。我也借着作序的机会，与大家分享我对传播的一些想法和心得。

管理大师彼得·德鲁克曾说过，企业最重要的两大功能是创新和营销。我的理解是，企业既要做出比较牛的产品，又要让消费者知道有这样的产品。如果说产品是“1”，那么传播则是后面若干个“0”。

我们回看改革开放这几十年，成功的企业都是非常重视传播的。在传统媒体几乎垄断信息渠道的时代，企业邀请媒体专访、报道，让自家产品、老板上电视，都是非常有效的传播手段。但随着播客、微博、微信、短视频等社交媒体的出现，传统市场公关那一套传播方式的作用在逐渐减弱。马歇尔·麦克卢汉说，印刷术的出现改变了人们的阅读习惯，而电子媒介则进一步改变了人们的交流方式。如何借助新的媒介推广产品、传播品牌，与用户形成有效的交流，是每个企业和企业家面临的新课题。

赵明的新作置身于当下互联网的语境去探讨传播，与时俱进。比如，书中“短视频时代的逻辑重构”“直播带货新通路与个人 IP”等内容，让我产生了共鸣。

很多人关注到我在短视频平台上出售自己的迈巴赫，因此调侃我“不务正业”，在短视频平台“厮混”当网红。其实我根本不是要当网红，而是要做流量、做IP，为自己的企业和产品代言，同时为行业发展做科普工作、摇旗呐喊。因为我的视频，更多人开始关注中国的新能源汽车，关注人工智能（AI）。我在短视频平台上发布的内容，更多是与AI和安全相关的，很多人因此知道360在做AI，这对360在AI领域的对外合作上起到了很好的推广作用。本质上，我也是在做市场和公关的工作。这跟20年前企业家上杂志、上报纸、上电视，10年前企业家开微博与粉丝线上互动是一样的，只不过如今时代变了，短视频成为新的主流媒介渠道。选择新的媒介来发挥影响力的企业家也不止我一个。埃隆·马斯克收购了推特（后改名为“X”），将其变成了他的“市场部”，他只要发一条推文，全世界就有数以亿计的人知道他想做什么。小米的雷军、华为的余承东，他们早已是大神级别的“网红”，他们躬身入局，至少帮助自己的企业节省了数十亿的广告费。归根结底一句话，用户在哪里，流量在哪里，企业和企业家就应该在哪里。

当然，我并不认为所有企业家都一定要开设自己的社交媒体账号，但企业家对如今新互联网时代的传播认知，往往决定了企业面对公众沟通的方式。很多企业想闷声发大财，没有及时建立与公众、用户沟通的渠道，在面对舆情危机的时候往往有苦难言。如果不主动与公众、用户沟通，他们的误解可能就会越来越多、越来越深；主动和他们交朋友、平等地交流，才是这个时代“传播的逻辑”。

传播媒介发生变化，传播策略和手段也要随之改变。传播的逻辑，不是简单的信息推送的逻辑，而是要在企业、品牌与用户之间建立情感和价值认同的纽带。用户渴望参与、渴望表达、渴望被尊重。

如何在这个新的时代做好传播，这本书提供了一些解法。

希望每一位读者在翻开此书后，都能收获对传播全新的认知和深刻的理解。

360 集团董事长、CEO　周鸿祎

自序

这本书，部分源自过去 5 年我给《国际公关》杂志所写的专栏文章。

过去 15 年，我在几家知名互联网公司负责品牌传播工作，参与、见证了大量有趣的实践案例，也大量阅读了品牌传播的经典著作。专栏文章与本书，均是这些年阅读、思索与实践的收获。

15 年前，我在第一本书的书名中用了“逻辑”一词。如今，这本书的书名又用了“逻辑”。我始终认为，明晰逻辑是提升认知的关键，希望借由阅读与读者诸君一起探究因果规律，提升认知，带来改变。

这本书中的每一讲均由故事与案例及其背后的理论认知框架构成。故事与案例是尝试知其然，认知框架是试图知其所以然。希望读者诸君在阅读中既有感性认知，也能建立起认知框架。在认知框架的四梁八柱中，纷繁的案例与表象不至于杂乱无章，点线面体能够各归其位，也不至于停在表象而不明就里，只及一点却未及其余。

1

本书先从受众心理讲起。

法国社会心理学家古斯塔夫·勒庞的著作《乌合之众》影响甚巨，其核心观点是，当个人是孤立的个体时，他有着自己鲜明的个性，而个人融入群体后，他的所有个性都会被群体所淹没，他的思想立刻就会被群体的思想所取代，出现情绪化、无异议、低智商等特征，做出疯狂和不理智的事。

但我们也应看到群体的智慧。许多互联网平台都利用了群体的智慧，比如请用户在自己的网站上评价产品，然后得出一个集体评分，人们生活中的很多决策都以这样的评分为参考。

探讨并非停留在这里，值得警惕的是，所谓的群体智慧，在社交媒体时代，有可能被无意甚至有意诱导，或是掉入平台的算法里作茧自缚。就像图书《炒作机器：社交时代的群体盲区》中所言，随着我们越来越依赖社交媒体，它越来越能影响我们的选择，在一定程度上改变我们的思想、观点和行为，“炒作机器”有可能变成“攻击武器”。在社交媒体时代，如何警惕被情绪裹挟，如何对高度社交化和群体暴政保持清醒，值得我们认真思考。

网上的许多讨论陷入一种“理性的非理性”情形，是因为当事人理性地选择了非理性的行为方式。那么，为什么理性会选择非理性呢？这是因为理性的行为方式并不见得总是会带来更多收益。加拿大多伦多大学认知心理学教授基思·斯坦诺维奇曾提出“理性障碍”的概念，所谓理性障碍，是指尽管具有足够的智商，但缺乏理性思考和行动的能力。企业要学会构建自己的话语体系与标准叙事技巧来面对非理性。

2

传播成功与否，体系与故事是关键。

好传播要能讲一个好故事，好故事要建立在底层叙事逻辑之上，好逻辑要构建在大众的价值认知之上。人们在相信了一个世界观层面的“大故事”后，自然而然会有相应的行动。你构建了他人的认知，他人就会回报以行动。

对于故事构建，好莱坞显然更有套路。好莱坞电影之所以长期占据全球票房排行榜前列，就是因为它们太会讲故事。《华尔街日报》等媒体之所以有较强的影响力，非常重要的原因就是其擅长讲故事。世界上有影响力的人，大部分都是讲故事的高手，比如苹果的创始人史蒂夫·乔布斯、造火箭的埃隆·马斯克，他们每个人都擅长用“故事”为自己的工作赋予意义，并快速吸引别人的注意力。

但怎么讲故事呢？讲故事的专家安妮特·西蒙斯写过《故事思维》《你的团队需要一个会讲故事的人》等书，总结了写出好故事的几个方法，如选择合适的故事类型，增强感官与情感体验，多角度审视与调整等。在日常交往及日常讲述中，要迅速以故事逻辑抓住听众。

人类需要靠符号来凝结共识，靠故事来表达意义。人是符号的动物，也是故事的动物。

故事是有脚的，会走到每一个角落。

许多品牌极具穿透力和传播力的故事，让品牌成为传奇，拥有了最持久的生命力。在分析那些大风大浪中屹立不倒的知名品牌时，我们会发现几乎所有的品牌都有自己的故事，这些故事既让它们看起来个性十足，也让消费者乐意“从一而终”。

一个企业不是孤立存在的，企业是社会的一部分，企业的本质是社会关系，是各种供应、销售与竞争关系的总和。企业的外部关系，是企业发展过程中不可轻忽的大事。

一张图片、几个段子，可能让新品哑火，让公司损失几百亿元市值，甚至“内伤不治，标签永存”。

图片、段子已经成了新媒体时代最强有力的传播武器，成了公关团队最常用的传播手段，因为图片、段子带有搞笑属性，直观，容易一键转发，天然具备自传播属性，最关键的是，它们还无法从源头删除，因为它们不是一个链接。

漫画家斯科特·亚当斯写了一本《以大致胜》，这本书的副标题是“怎样在这个事实根本不重要的世界里使用说服术”。书中观点独到：当下时代影响他人的关键，不是用理性去说服理性，而是用你的理性去影响他人的非理性。他罗列的众多说服技巧中有一个叫"一击必杀语"，指说服力极强的一个绰号或一组简短词语，使用它可以立即结束争论，达到说服目的。在社交媒体时代，好的传播，就是利用公众的积极性和人际网络，快速复制，迅速传播，将信息在短时间内传向更多的受众。

对企业而言，做品牌、做传播就是贴标签、撕标签，贴上好的，撕下坏的。贴上去不易，撕下来更难，因为好事一般不会主动传播，坏事才可能传千里。用户很难记住一个品牌的所有样子，只能记住一个词、一个句子、一个事件、一个符号、一张图片……

品牌不仅仅是成本或费用，而是需要与时俱进的长期投资。

3

当危机突然来临时，我们该如何面对？

舆论有着强大的力量，可以被引燃，也可能失控。

舆论的作用机理，可以尝试用博弈论里的共有知识和公共知识来解释。在共有知识向公共知识转变的过程中，讨论、分享等信息传递过程很重要。说出来，才能够影响世界。

社会学家伊维塔·泽鲁巴维尔在《房间里的大象：生活中的沉默和否认》这本书里讨论了这个话题。沉默的人越多，要打破沉默就越难。沉默者对揭露真相形成了压力，打破沉默需要巨大的勇气，甚至需要为之付出沉重的代价。

对企业而言，被说出来的公共知识，可能就是一场风暴。

对舆情部门与企业公关传播团队而言，最大的挑战在于舆情危机处理。

在关于危机公关的教科书中，总结有很多方法，如危机公关 5S 原则、危机管理 6C 原则等。这些方法为舆情危机处理提供了基本框架。

舆情部门应该有更卓越的表现，能够在日常工作中及时发现隐患、处置隐患，避免舆情危机发生，这也是处理舆情危机的最高境界。

社交媒体时代与传统媒体掌握话语权的时代不同，社交媒体时代官方舆论场与民间舆论场的共振，带来的议题设定效应与话题效应更强。

在社交媒体时代，越大的企业、越成功的企业在舆论场上越弱势。示弱是大企业在舆论场上应对危机的最好方式之一，而且要有尊严地示弱，放下架子，疏导公众情绪。

在社交媒体时代之前，通过安抚关键媒体和舆论来一定程度地控制舆论，是很多传统机构、传统企业最习惯采用的做法。如今，如果碰到热关注事件，还想去控制舆论，一定会被舆论反噬。遇到严重的舆情事件，懂得如何道歉，不纠结事件本身，先做情感沟通，是必不可少的公关操作。

在社交媒体时代，比维护形象更重要的是维护好感。

4

这本书写给谁看呢？我希望，这是一本对企业家，商业人士，以及品牌、市场与营销传播领域从业者有帮助的商业书；这是一本对新闻传播学院学生、媒体从业者、网红经济从业者有益的认知提升书；这是一本对政府公务人员、企事业单位负责人及宣传舆情岗位人员了解当下时代传播规律与舆情规律有价值的“小红书”。

这本书涉及的众多企业案例、企业家、中外学者、中外书目，对其的评论终究是我的一家之言，错漏与不足在所难免。一千个读者眼中有一千个哈姆雷特，我真心期待读者诸君的批评指正，并希望有机会做出修正。

借此机会，我衷心感谢我的老板肖文杰，感谢前老板周鸿祎，他们是我职业生涯中的伯乐。感谢他们两位为本书欣然作序。

在此，我还要感谢本书的编辑白婕，感谢帮助本书出版的佘广、岳占仁、何伊凡。

感谢我的师友齐向东、陈文玲、荆林波、张国有、谢新洲、陈伟鸿、陈彤、李鸿谷、邓庆旭、冯大刚、车海刚的鼎力推荐；感谢张永生、朱德付等老友；感谢我的同事徐锐锋、李回媛、岳翰、王殊琦、郑针甄等为本书提供的帮助。感谢这些年在工作中给我鼓励与支持的每一位朋友，恕不能在此一一列出。感谢两字背后，是我难以一一尽述的真挚谢意，你们是我的底气和前行不辍的动力。

清代名臣张英在《聪训斋语》中讲道："人心至灵至动，不可过劳，亦不可过逸，惟读书可以养之……书卷乃养心第一妙物。闲适无事之人，镇日不观书，则起居出入，身心无所栖泊，耳目无所安顿，势必心意颠倒，妄想生嗔，处逆境不乐，处顺境亦不乐。"

读书，是让身心有所栖泊、耳目有所安顿的良方。

愿读者诸君也能在本书中寻找到阅读的乐趣。

是为序。

| 目　录 |

第五章　传播的进化　/ 217

FIVE

ONE

| 第一章 |

看到水流的方向

受众心理洞察

001

社交媒体时代：在愚蠢与智慧之间

公众传播领域，有两种截然不同的观点，都有声名显赫的学者与著作站台背书，一派说群体导致愚蠢，一派说群体产生智慧。

众智成愚

法国社会心理学家古斯塔夫·勒庞是“众智成愚”派代表。他在被誉为群体心理学开山之作的《乌合之众》中说：大量人群聚集起来以后，就会产生一种“超级愚蠢”。这些人也许单个看并不那么愚蠢，但是聚到一起的时候，他们的智力会急剧下降，做出种种愚蠢甚至疯狂的行为。

勒庞概括说，群体智力在聚集后下降，群体会变得：

冲动、易变和急躁；

易受暗示，轻信他人；

夸张与单纯；

偏执、专横和保守；

道德水平低劣；

…………

引述其中几句经典：

群体表现出来的感情不管是好是坏，其突出特点就是极为简单而夸张。

群体因人多势众而一时产生的力量感，会使群体表现出一些个人不可能有的情绪和行动。在群体里，傻瓜、低能儿和心怀妒忌的人，能够摆脱自己卑微无能的感觉，感觉到一种残忍、短暂而巨大的力量。

群体会夸大自己的感情，因此它只会被极端感情打动。试图感动群体的人，必须出言不逊、信誓旦旦、夸大其词、言之凿凿、不断重复，绝对不以说理的方式证明任何事情——这些都是某些专家惯用的论说技巧。

群体随时会欺侮软弱可欺者，却对强权低声下气。如果强权时断时续，而群体又总是被极端情绪左右，它便会表现得反复无常，时而无法无天，时而卑躬屈膝。

群体可以杀人放火、无恶不作，但是也会有极崇高的献身、牺牲和不计名利的举动，即个人根本做不到的那种极崇高的行为。

勒庞给出了乌合之众众智成愚的条件：第一，构成这个巨大群体的人在身份、世界观、利益等方面有相同的底色；第二，群体智力之所以下降，不是因为人们待在一起，而是因为存在处心积虑的操纵者，操纵者通过操纵信息来操纵人们的情绪。比如在《皇帝的新衣》里，皇帝受骗是因为有两个骗子在操纵信息，精心设计了一种沟通障碍。

众愚成智

我们再来看看另一派的观点。

法国心理学家、认知科学家迈赫迪·穆萨伊德在《新乌合之众》中提出了不同观点，认为群体其实远比勒庞描绘的更有智慧：即使个体的才智有限，但一旦他们共同行动，往往能“众愚成智”。《纽约客》专栏作家詹姆斯·索罗维基的《群体的智慧：如何做出最聪明的决策》也持这种观点。

穆萨伊德举例说：当人们预估一个数值时，无需任何专业资质，所有普通个人估值的平均值最接近正确答案，这个平均值肯定比这群人中任何一个人的估值更准确。比如，如果你想知道埃菲尔铁塔有多高，只需要到大街上随便拦住50个人，问他们觉得埃菲尔铁塔有多高，然后求出50个答案的平均值，或找出中位数，你会得到“324米”的答案，这就是埃菲尔铁塔的高度。同样的测试，比如猜两个城市的距离、一个物体的重量、一个商品的价格、一栋房屋的面积……终会得到最接近正确答案的结果，屡试不爽。哪怕测试过程中个别人的答案错得离谱。

穆萨伊德还指出，在互联网上，求大众观点的平均值已经成为一种流行做法。豆瓣、大众点评、京东、天猫、淘宝等众多网络平台都采用类似于“群体的智慧”的模式，请用户在自己的网站上评价产品，然后得出一个集体评分。借此，用户就能对一本书好不好看，一双鞋子舒不舒服，一款手机好不好用得出判断。如今评分体系无处不在、举足轻重，它可以让一款商品爆火，也可能让它被无情抛弃。

群体可能会被引导

用群体评价求客观看似科学，事实果真如此吗？

麻省理工学院教授锡南·阿拉尔在其《炒作机器：社交时代的群体盲区》中提到他和同事曾做的一个实验，他们和一个社会新闻聚合网站合作，设置了“向上波动”组、控制组和“向下波动”组三个实验组，用以测试过去的评价对未来的评价的影响。结果显示，在“向上波动组”，因为对帖子的首条评价是肯定的，该组的帖子随后获得肯定评价的可能性增加了 32%。这是因为，网民评价前都习惯先看看前面人的评价，难免会受先前意见的影响。

而在竞猜游戏中，如果参与者在发表各自的意见之前，有机会先跟别人讨论上 5 分钟，那么大多数人的判断都会趋向同一种错误。

研究证明，一个小小的暗示，就足以让大众判断的平均结果偏离正确答案。

阿拉尔口中的炒作机器，指的就是社交媒体，如微信、微博、抖音、小红书等。他说，随着我们越来越依赖社交媒体，它越来越能影响我们的选择，在一定程度上改变我们的思想、观点和行为。在某种程度上，社交媒体让内容（观点）、人、渠道合为一体，成为一个人的放大器与增强回路。

阿拉尔总结，社交媒体有 4 大杠杆——金钱（商业化、有利可图）、代码（平台、算法）、规范（社会准则）和法律。

舆论喧嚣，但舆情未必就是民意。做企业、做传播，要懂得利用与化解。

在社交媒体时代，需要洞察舆论形成的规律，引导舆论价值导向而不是被舆论喧嚣所牵引。明白网络舆情不能与社会民意画等号，尤其是警惕“炒作机器”变成“攻击武器”。

在社交媒体时代，最重要的一点是人、内容、渠道的合三为一。以抖音为例，抖音本身是一个渠道，在这个渠道上你能看到发布者的内容，同时你还能看到发布者本人，还能和他实时互动。所以，人、内容和渠道被压缩成了一个环节。内容与渠道和人结合起来传播后，人更容易被人影响。社交媒体的本质，就是放大了人与人之间的互相影响。

社交媒体如何影响了人

我们来看看社交媒体如何改变人的行为。

据新华社报道，美国麻省理工学院研究人员在英国《自然－通讯》期刊上撰文说，就像肥胖可以“传染”一样，可能存在一种行为学机制，影响着人们的工作和生活。为研究这个假设，他们收集了约 110 万人的运动数据，结合海量社交网络信息一起分析后发现，喜欢跑步的人最容易受到好友影响。平均来看，一个人每多跑 1 公里，能让其好友多跑 300 米；多跑 10 分钟，能让好友多跑 3 分钟。经常使用微信运动、Keep 等运动小程序或 app 的人，可以琢磨一下自己的运动习惯有没有被好友影响。

研究人员尼古拉德斯说，这一现象可能是人们的竞争心理造成的。不过，这种影响在两性中存在差别。男性的运动习惯能对男性产生强烈影响，女性对男性和女性的影响程度适中，男性对女性不能产生任何影响，女性运动更多靠自我规划和监督。

再以消费为例。我们上网购物的时候都会下意识地去看一眼评分或者评论。这件事看起来很平常，但其实十分重要。一项调查显示，有 92% 的消费者表示，他们购物之前会浏览网上的各种评论；而其中有 89% 的人说，他们的消费行为会受到评论的影响，只有 3% 的人说他们的决定不受任何评论的影响。

还有一组有意思的数据，即虽然有 92% 的消费者会阅读网上的各种评论，但是真正去写评论的人大概只占 6%。这就意味着 6% 的人影响了 92% 的人的想法和行动。

这也是为什么有专家说，键民（键盘侠）影响鼠民（只用手或鼠标向下滚动浏览的网民）。

显而易见，在网络当中，少数影响多数就这么发生了。

还有关于情绪的例子。脸书和康奈尔大学的研究人员曾经做过一个实验，他们想知道，快乐和沮丧的情绪是否可以通过我们每天在网上发布的帖子在人与人之间传递。他们注意到，无论是积极词语还是消极词语，凡是能够激发情感反应的内容，都会促使脸书用户发布更多内容。当积极正面的帖子总数量减少时，人们在更新状态时使用的积极词语也会下降；反过来也一样，当消极负面的帖子减少时，消极词语的使用比例也会相应下降，而积极词语的使用比例会相应上升。

所以你的欢乐忧伤，不一定是你的欢乐忧伤；你的焦虑，可能是别人焦虑的投射。

因为算法的加持，社交媒体对我们的影响远比我们想象的要更深更强，社交媒体已经从根本上改变了信息生产、分享、消费的方式，从政治竞选、社会运动到商业运作，社交媒体在当代社会各个领域产生的影响深刻而普遍。

社交媒体的强大之处在于，它能借助算法的力量对用户进行分析，然后对用户该阅读什么、购买什么以及相信什么给出一大堆推送，随后它又会从用户的选择中学习进化，不断迭代和优化它给出的推送。用户不断使用社交媒体，社交媒体就可以不断追踪每一个用户的偏好、欲望、兴趣，以及与时间印记和地理定位有关的信息，以此精简它的流程、完善它的分析，并增强它对用户的说服力。它提供给用户的信息越是符合用户偏好，它与用户的互动也就会越多，这样它的说服力就会变得愈加强大。

与此同时，社交媒体的个性化推荐越精准、说服力越强、让人花的时间越多，它所获得的金钱也就会越多，它的规模随之变得愈加庞大，控制力也越强，如是循环。

在学者胡钰为《炒作机器》写的推荐序中，他指出，研究发现，“在所有信息中，虚假新闻始终要比真实新闻传播得更远、更快、更加深入，而且其覆盖面也更加广泛，在某些案例中这两者之间甚至存在好几个数量级的差异。”社交媒体平台已经成为一台“可以扭曲现实的机器”，“通过这样一台机器，谎言的传播就像是闪电，而真相却像是在缓慢滴落的糖浆”。真相还在穿鞋，谣言已走遍世界。

胡钰指出，对虚假信息传播规律的研究表明，真实信息很少会迅速触达 1000 人以上，但前 1% 的虚假新闻转发链接可以很轻松地触达 10 万人。真实信息想要传播给 1500 人所需要的时间，大约是虚假信息传播给同样数量的人所需时间的 6 倍；然而真实信息从原始文章发布到获得 10 次转发所需的时间，又是虚假信息获得同样转发次数所需时间的 20 倍。虚假信息传播的范围明显比真实信息更广，而且虚假信息会被更多的独立用户转发。

社交媒体上，数十亿个体在生产信息，凸显个性，不求专业性；凸显自由感，不求责任感。在民间舆论场中，满眼都是虚假“闪电”，信息很多，真相很少。当海量信息通过脸书、X（原推特）、Instagram、微博、微信、抖音、小红书等平台被传送到公众的手机上时，公众就被淹没在真假交杂的信息海洋中。海量信息在算法技术的加持下，产生了基于众多个体汇流而成的群体说服力，形成了锡南·阿拉尔口中的新社交媒体时代三部曲：社会炒作的高度社交化、个性化的群体说服力、注意力经济的制度化。

社会科学家曼纽尔·卡斯特在《传播力》一书中，将“权力”和“结构”紧密联系在一起，他把网络社会的结构视为一种全新的社会结构。在网络社会中，权力被重新定义，但并未消失。

社交媒体时代，我们更需要洞察舆论的形成规律，看到舆论的方向，而不是被舆论所牵引，在信息茧房或难以自洽的左冲右突中迷失。

002
沟通的误区：理性、感性与情绪

高智商的人是高理性的吗?

基思·斯坦诺维奇教授在《超越智商》[一]中说，智商和理性是两码事，聪明人也会做蠢事，想要过上更好的生活，达成人生目标，拥有高智商还不够，还要拥有高理性。

门萨俱乐部是全球知名的高智商人士俱乐部，有10万多名会员，遍及世界100多个国家和地区。据美国门萨俱乐部官网信息，美国门萨俱乐部接受大约200种不同的标准化智力测试成绩，其中最低的合格分数是130分。要知道，诺贝尔物理学奖得主理查德·费曼在一次学校的智商测试中也才得了125分。[二]美国门萨俱乐部的月刊曾经公开表示：智商105分以下的人都不必入

㊀ 该书中文版已由机械工业出版社出版。

㊁ 也有说法为，费曼的智商测试结果在120～125分的区间内。——编辑注

会，反正也听不懂他们聊天的梗。

在《思维的精进：聪明人如何避开智力陷阱》一书中，大卫·罗布森提出，智力测试并不能衡量人类在做出决策和解决问题时需要的所有能力。基思·斯坦诺维奇发现，理性和智力之间的联系其实十分微弱。他引用了加拿大门萨俱乐部的一份调查报告，报告显示，俱乐部成员中有 44% 的人相信占星学，51% 的人相信“生理节律论”（circadian rhythm），56% 的人相信外星人曾造访过地球。占星学大家并不陌生；生理节律论，即相信人的身体、情感和智力都按照一定规律循环，只要找到规律，就能预测某人在某日会有什么状态。占星学和生理节律论都不具有可证伪性，自然算不上科学。高智商的门萨会员竟相信这些，确实有点让人意外。

伦敦政治经济学院的研究还发现，智商高的人可能会喝更多的酒，更喜欢抽烟或使用非法药物。还有研究发现，智商高的人更易陷入“财务绝境”，因为他们认为自己可以处理好后果。此外，信奉超自然的行为在高智商人群中出奇的普遍。

谈星座，与理性之人感性沟通

人天生就既有理性的一面，也有感性的一面，所以才给沟通以诉诸感性的空间。

比如见面谈星座，是很有意思的开启话题的方式。其实无数科学研究文章都表明，星座学说的预测和实际结果没有统计学意义上的相关性。但星座学说运用了一系列心理学效应，能让人们产生强大的信服感，如巴纳姆效应，皮格马利翁效应、认知证实偏差等。

了解这些心理学效应，对沟通或许会有些帮助。

巴纳姆效应以“马戏之王”菲尼亚司·泰勒·巴纳姆的名字命名，指人们往往很容易接受一些笼统、一般性的性格描述，认为描述中所说的就是自己，实际上这些描述往往非常模糊而空洞，以致能够放诸四海皆准，适用于很多人。

1948 年，美国心理学家伯特伦·福勒为他的每个学生提供了一次免费的人格测验。他给 39 名学生每人发放了一张表格，询问他们的爱好、愿望和理想，以及关注的问题。一周之后，他给每个学生单独发放了一份写有其姓名的个性化评估报告，声称这是基于他们填写的表格信息生成的。实际上，每个学生拿到的报告都是一样的，都包括以下十三条陈述。

1）你非常需要其他人的喜欢和欣赏。

2）你倾向于批评自己。

3）你有大量尚未开发的、可转化成自身优势的能力。

4）你虽然有一些性格上的小缺点，但通常能够弥补它们。

5）你的性调节给你带来了一些问题。

6）你通常对外表现得自律且自控，但内心往往感到担忧并缺乏安全感。

7）你有时会怀疑自己是否做了正确的决定和事情。

8）你更喜欢有一定程度的变化，不满于受到限制。

9）你认为自己是一个独立的思考者，不会接受缺乏充分论据的他人陈述。

10）你认为对他人过分坦诚是不明智的。

11）你有时外向、和善、善于交际，有时又内向、谨慎、趋于保守。

12）你的一些愿望往往是不切实际的。

13）你生活的主要目标之一是安全。

在满分为 5 分的评分制下，对于自己拿到的报告的准确度，学生们给出的平均评分为 4.26 分。评分提交后，福勒告诉学生，他们拿到的报告完全一致，内容是他从某报摊占星术书中摘录下来的。

再说皮格马利翁效应，它以古希腊神话中塞浦路斯的国王名字命名，通常指人们基于对某种情境的认识而形成的期望或预言，会使该情境产生适应这一期望或预言的现象，即人只要真心期望和认可，就可以产生意想不到的奇迹。我们被贴上怎样的标签，获得怎样的期待，就会更加倾向于往那个方向发展。

心理学家罗伯特·罗森塔尔与伊迪丝·雅各布森曾进行过一项实验，他们从一所小学的一至六年级各选一批学生参加所谓“预测未来发展的测验”，然后交给教师一份学生名单说：“这些儿童将来大有发展前途。”实际上，这些学生是随机抽取的。罗森塔尔又叮嘱教师不要把名单外传，只准他们自己知道，否则就会影响实验结果的可靠性。8 个月后，罗森塔尔和雅各布森又来到这所学校，他们惊奇地发现，凡是被列入名单的学生，考试成绩都有了显著提高，教师也给了他们较好的品行评语。

罗森塔尔认为，可能是研究者的“谎言”对教师产生了暗示作用，影响了他们对名单上的学生的评价。当教师发自内心地相信这些孩子未来不凡时，孩子们也会强烈地感受到来自教师的喜爱和期望，变得更外向、更自信、求知欲更强，从而在各方面都有了异乎寻常的进步。

了解了这两个心理学效应后，你会发现，对星座特质的描述也是比较模糊且具有普遍性的，比如：你细心大方，外表柔和，内在充满激情，做事一丝不苟，需要时时的鼓励——处女座。你自信、骄傲，是真诚的情感表达者，有时过于冲动，容易受到感情的影响——狮子座。你踏实靠谱、思维缜密，但缺乏自信、容易伤感；你看似坚强，其实内心软弱——金牛座。你热情坦率、慷慨真诚，喜欢自由、无拘无束，不愿意步他人之后尘，从来不掩饰自己的感情，热情洋溢——白羊座。其实这些特质在多数人身上或多或少都有体现，这种描述只是让你捕捉到了自己生活中的一个侧面，然后惊呼：果然准确！

当你相信星座的时候，你会不自觉地向那个星座的特质发展，如果你是狮子座，你会让自己看起来自信霸气；如果你是处女座，你会为自己的细致挑剔找到借口。

至于为什么这么多人相信星座，主要是因为，人既有了解自己的愿望，又缺乏了解自己的手段，而星座恰恰提供了这样一套似是而非的模板。每个星座的性格都是非常典型的闭环，既有优点，也有缺点，你总能在里面找到自己。

认知偏差与证实偏差

埃隆·马斯克 2021 年曾在推特上分享过一张图片，内容是 50 个认知偏差，配文是“年轻人越早知道这些偏差越好”。

什么是认知偏差？是人们在认知自身、他人或外部环境时，容易依赖过往的经验路径，进入思维误区，使得知觉结果出现失真的现象，这是个人知觉具有选择性所导致的。

如果我们越早意识到这些认知偏差的存在，并通过一定的思维训练去修正偏差，那么我们在思考问题、做决定时，就会更加理性，更容易做出正确判断。

这 50 个认知偏差中常见的有：

错误归因

我们经常根据个性或性格来定义别人，但会用情境因素来帮自己开脱。如：莉莉上课迟到，肯定是因为她懒惰，我自己迟到，是因为早上太忙乱。

自私偏见

我们的失败总是有原因的，而成功全靠自己。如：得奖是因为自己工作努力，而不是靠别人的帮助和运气。但工作出差错，只是因为自己睡眠不足而已。

组内偏爱

我们偏爱同一个圈子的圈内人，而不是圈外人。如：某人跟你是老乡或同学，有共同的经历，所以你喜欢他多过另一个人。

防御性归因

一件事故中，目击者如果与受害者经历相似，就会更少责怪受害者，转而去攻击加害者，反之亦然。如：小明开车等绿灯时在车里玩手机被追尾，目击者小亮开车也会玩手机，所以他对撞了小明的车的人大吼大叫。

衰落主义

我们倾向于将过去浪漫化，并消极地看待未来，认为社会或机构总体上正在衰退。如：在我们那时候，孩子更懂得尊重！

琐碎法则（又名自行车棚效应）

我们会对琐碎的问题给予不成比例的重视，而往往回避面对更复杂的问题。如：一个地方政府花费了大量时间去讨论修建自行车道和自行车棚的问题，却没有想办法帮助无家可归的人。

认知偏差一般可以使用认知行为疗法（CBT）进行调整。CBT 是通过改变不合理的思维模式与行为模式来减少失调的情绪和行为，从而达到改善心理健康状况的疗法。

再讲讲证实偏差。证实偏差这一概念最早由心理学家彼得·沃森于 20 世纪 60 年代提出，指一旦人们确立了某一种信念或观念，那么在往后收集信息和分析信息的过程中，会产生一种寻找支持这个信念的证据的倾向。

证实偏差普遍存在于生活中，选择性地收集信息就是一个例子。例如，一个素食主义者，可能只关注支持素食的信息，而忽略那些建议平衡饮食、增加蛋白摄入量的文章。在星座运势分析中，人们往往会选择性地记住那些符合自己情况的预测，而忽略不准确的预测。在投资领域，看多的人会倾向于寻找预计股价上涨的乐观新闻；看空的人则倾向于寻找预计股价下跌的悲观信息。有时证实偏差也会导致刻板印象强化，如地域黑、某某地方的人都是“自来熟”等。

这些案例展示了证实偏差如何影响人们的认知和决策，导致选择性地接收、解释信息和出现记忆偏差，进而强化已有的信念和偏见。

认知偏差与沟通切入点

许多品牌营销广告就是利用了一些心理学效应，从而让人产生强大的信服感。营销广告，可以按照“品效”进行划分：品牌广告——改变认知，效果广告——改变行为。很多广告大多数时候都是在塑造一种品牌形象，让顾客在潜意识层面构建出和品牌的强大关联，来促进消费行为的发生。

巴纳姆效应的主要应用场景就是品牌营销广告，广告在通过各种文案打动用户的同时，也加强了用户与品牌之间的联系。前面提到的“星座特质”常应用于发挥巴纳姆效应的营销活动中。比如意大利的奢侈品购物电商 LuisaViaRoma，其官网上就有一个时尚星座特辑，展示了为每个星座搭配的成衣、配饰等商品。其对应的营销文案是：“与摩羯座一起培养强大气场”“与射手座一起探索无限视野”“随天蝎座玩转神秘优雅的艺术”“与和谐的天秤座在平衡中寻找美感”“与处女座相约奔赴美丽、力量与完美”“与自带奢华光芒的狮子座一起诠释戏剧性穿搭”“巨蟹座的优雅与感性”“趣味色调诠释双子座的活力气息”“植根于金牛座的低调优雅”“白羊座：无所畏惧”“双鱼座：勇敢追梦”“水瓶座：打破边界”。

这些特点鲜明的描述看似针对每个星座量身定制，但实际上它们非常泛泛。“平衡”“低调”“优雅”“感性”这样的描述，几乎每个人都能从中找到共鸣。这种模糊而通用的描述正是巴纳姆效应的体现，对喜欢研究星座的消费者来说，这些描述会让他们觉得品牌“很懂我”，从而产生情感共鸣，增加购买欲望。

失控因子与人的失控

从感性再说到情绪，你会看到人有时是多么不靠谱。

美国神经科学家道格拉斯·费尔兹在《超越理智：神经科学揭示情绪为何失控》中说，人不仅易受心理影响，更易受情绪影响，最终面目全非：温文尔雅的教授抡起拳头，慈爱的老人害死自己的孙子，酒吧里的陌生人因一句口角惨遭刀刺……

费尔兹研究的结论是，在人的大脑中，有 9 个“蠢蠢欲动”的失控因子，一旦被启动后果不堪设想：

生命/身体（如果生命受到了严重威胁，就不再害怕失去什么）；

侮辱（最为珍视的东西被踩在脚下）；

家庭（父母会为了保护孩子而不顾一切）；

环境（因自己的小环境被破坏而采取暴力反击）；

配偶（男人为了争夺女人大打出手）；

社会秩序（监禁、罚款等用强制性力量使人们遵守社会秩序的手段）；

资源（人们会采用暴力手段来防止被盗）；

部落（尊重每个国家的边界才能和平往来）；

限制（排长队时遇到有人插队或路上开车时遇到加塞，都有可能触发愤怒）。

人了解心理，却不一定能走出心理；了解情绪，却不一定能走出情绪。认知如果落入“隧道”，就走不出心理学上的“隧道视野效应”——一个人若身处隧道，他看到的就只能是前后非常狭窄的视野。

很多时候，感性、情绪对我们行为的影响，远远超过我们愿意承认的范围。诺贝尔经济学奖得主丹尼尔·卡尼曼教授在《思考，快与慢》中说，大脑有快与慢两种做决定的方式，常用的“系统1”反应快速、依赖直觉，几乎不需要我们努力就能完成任务；而“系统2”是懒惰的，工作起来需要我们集中注意力，但它也是理性、精确的。

营销界最常见的手段就是感性 vs 理性，即时享乐 vs 延迟满足，并希望通过定位来赢得用户。前者的阵营有游戏、鞋服、化妆品、文旅……它们共同的营销策略是：想办法通过感性营销，让顾客更加愿意即时享乐。

像短视频、直播带货就容易把人拉入场景，感性下单。

后者的阵营包括健身、培训、书籍、金融产品、股票证券……它们共同的营销策略是：想办法通过营销，让顾客更加认可产品的价值，抑或倾向于延迟满足。

诉诸感性或理性的一方，都清楚该让顾客感性还是理性，各自使用不同的策略来影响顾客，只有顾客自己不知道。

003

网上舆论的偏好：立场还是是非

2023 年 2 月，农夫山泉遭遇舆论风波。从创始人钟睒睒儿子的国籍开始，紧接着，又将农夫山泉往日本因素上引，从红色瓶盖到东方树叶的产品介绍，舆论风波愈演愈烈，江苏两家 7-Eleven 门店甚至停售农夫山泉的产品，农夫山泉股价持续下跌。

最近几年，陷入此类事件的人和企业，名单越来越长，有一个问题变得越来越突出，即我们该先确定是非，还是先确定立场。如果先确定是非，那么是非观就是看问题的基础，应该用是非来决定立场。如果先确定立场，那么立场观就是看问题的基础，应该用立场来决定是非。

理性的思维模式认为，“是非”是基础。也就是说，在选择立场的时候，首先考虑的是对“是非”的判断。如果失去了这个基准，那么这个世界便没有了正确与错误。

感性的思维模式认为，应该由立场来决定是非，通过自己的角色定位来确定支持谁、反对谁。凡是敌人，必须反对；凡是自己人，必须支持。

这两种思维模式，前者是“帮理不帮亲”，后者则是“帮亲不帮理”。两者之间之所以无法互相说服，就是因为一方讲逻辑，一方讲情感。

理性地选择非理性行为

美国经济学家布莱恩·卡普兰在《理性选民的神话：为何民主制度选择不良政策》里提出了一个概念，叫作“理性的非理性”，这个名词要表达的行为模式其实并不难理解。

“理性的非理性”指当事人理性地选择了非理性的行为方式，尤其是这种选择的结果可能与其利益无关时。大家上网的时候经常能看到，很多人喜欢在发表内容时，开头加一句“非利益相关，我就是单纯如何如何”，翻译一下就是，我没拿钱发帖啊，就想表达一下态度。因此当真的利益不相关时，人们评价一个事情不会从理性角度去考虑，更多会从这件事让我爽不爽去评价。这些行为往往是非理性的，而且这种非理性是自知的。

我们可以这样理解：人的大脑里面有一个开关，这个开关会根据情况启动批判性思维和自我质疑思维，开启这个开关不仅耗费精力，而且可能会带来痛苦。因此当这个开关的开启与关闭与我们自身利益不相关时，大脑就只会关注自身感受，理性地选择非理性的行为方式。

布莱恩·卡普兰提到，民主体制下的选举很多时候也存在“理性的非理性”问题，因为任何一个选民，他投出的一票对最终结果的影响都是微乎其微的。如果他坚持投出理性的一票，就要去了解各个候选人主张的各种政策，读文章、看评论……对任何人来说，这都要付出非常多的时间和精力。那么，在这种自己做出选择的结果不会对自身利益造成严重影响的情况下，绝大多数人都会下意识地跟着直觉或别人的意见走，而不会花精力分析政见。

网上的讨论往往都是这样，爽就完了，分什么是非。

没有反省心智容易做蠢事

上述现象很多时候也和人的心智模型有关。

基思·斯坦诺维奇在《超越智商》《理性与反省心智》(*Rationality and the Reflective Mind*) 等著作中提出了三重心智模型，该模型的源头是“双进程理论”，进程 1 是凭借直觉快速加工的，进程 2 是由工作记忆介入慢速认知处理的。斯坦诺维奇将进程 1 称为自主心智，它包括我们的内隐知识和基本情绪；进程 2 则包括算法心智和反省心智。每种心智的能力水平不同，综合起来人的表现就不同，有的智慧，有的普通，有的愚蠢。

三重心智模型作为一个思维模型，能够让我们更深入地理解心智如何运作，如何影响心智模式，最终如何影响决策和行动。

自主心智是我们先天遗传和后天因素综合作用内化而习得的心智。例如，我们熟知的望梅止渴、谈虎色变等成语，都反映了人的基因内置程序——条件反射，这是通过进化而获得的本能心智。后天因素也很重要，孟母三迁、潜移默化、近朱者赤等成语故事正反映了这一点。个人通过后天的长期训练和努力，可以熟练掌握许多技能，进而将其内化到心智中。有一个 1 万小时定律，就是说一个人只要在一个领域专注 1 万小时，就可以成为这个领域的专家。自主心智的特点是自主发生、反应迅速、无须思考、近于本能。

算法心智就是通常所说的智力，可以分为两类：流体智力和晶体智力。

流体智力是指个体通过抽象推理解决问题的能力，受后天学习的经验和技能影响较小，是一种以生理为基础的认知能力，主要涉及记忆力、运算速度、逻辑推理能力等，传统意义上的智商测验所考察的就是流体智力。流体智力与年龄密切相关。参加过高考的人都会感慨，高中三年是自己智力的巅峰，这还真不是玩笑，研究表明，一般人在 18 岁到 20 岁，流体智力发展达到顶峰，30 岁后流体智力随年龄增长而降低。

晶体智力指的是个体通过学习和经验积累的知识和技能，是能够吸收新知识、解决新问题的能力。晶体智力在人的一生中都会发展，不过 25 岁后，其发展速度日趋平缓。为了让晶体智力保持稳定发展，活到老、学到老是非常有意义的。

总的来说，算法心智的效率是可以被量化评估的，算法不同，效率会有显著差异。

反省心智指的是对人类心智过程进行整体监控、帮助执行决策与判断的心智加工过程，即理性思维，表现为元认知、反思能力等。研究发现，理性（反省心智）与智力（算法心智）总体上看相关性微弱。传统的智商测试通常没有包含任何关于反省心智的测试内容。

因此，“智商高”并不意味着反省心智水平高，如果反省心智水平低，就容易做出蠢事。

理性障碍与认知吝啬

基思·斯坦诺维奇曾提出“理性障碍”（dysrationalia）这一概念，所谓理性障碍，是指尽管具有足够的智商，但缺乏理性思考和行动的能力。

丹尼尔·卡尼曼在《思考，快与慢》中讲道，人在遇到事情时，通常会启动系统 1 来处理直觉式的信息，无须占用工作记忆，而系统 2 通常用于有意识地处理信息，如决策、选择等，基于语言和规则，其运行需要耗费脑力。

理性的思维过程是：系统 1 先进行启发式加工，系统 2 随即压制系统 1，转入系统 2 来思考。然而在实际生活中，系统 2 总是无法压制系统 1，因为大脑很容易被属性替换、框架效应、我方立场信息加工、生动效应、锚定效应、易得性偏差、不作为偏误等常见套路控制，这就是认知吝啬的体现。

属性替换，是当人们需要评估属性 A 时，却发现评估属性 B 更容易一些（A 与 B 之间存在一定的关系），于是就改为评估属性 B。简单来说，人就是容易用简单的问题取代难题。比如：小明让你搬起一块砖，或者从一堆卡片中选出带有桃心的一张，只要做到上述两件事中的任意一件，就给你 100 元作为报酬；小亮提出，只要你画出一个桃心，就给你 100 元。人往往会凭直觉拒绝小明，而接受小亮的提议，因为评估一件事比评估两件事更简单。尽管这个决定并不理性。

框架效应指人们对一个客观事实的不同描述会导致不同的决策判断。比如，有两块牛排，一块标注有 25% 的肥肉，另一块标注有 75% 的瘦肉，人们往往会倾向于购买后者，因为人们喜欢瘦肉多过肥肉。实际上两块牛排肥肉和瘦肉的比例完全一样。心理学上把这种由于不一样的表达导致不一样的结果的现象称为框架效应。许多时候，关键不在于说什么，而在于怎么说。

我方立场信息加工点出了沟通中的利己主义，这会干扰我们的沟通意图，在特定场合中尤其如此。文森特·赖安·拉吉罗在《思考的艺术》一书中讲过一个例子：先问美国的研究参与者，某德国品牌汽车在交通事故中致人死亡的数量是其他品牌家用汽车的 8 倍，美国该不该禁止销售该德国品牌汽车？再问他们，某美国品牌汽车在交通事故中致人死亡的数量是其他品牌家用汽车的 8 倍，德国该不该禁止销售该美国品牌汽车？对于第一个问题，有 73.7% 的人认为该禁，对于第二个问题，这一数值则降到 39.2%。很明显，对这个问题的回答，取决于信息和我方的关系。

赵本山在中央广播电视总台（后文简称央视）春晚小品《卖拐》中问范伟：请听题，青春痘长在什么地方不让你担心？范伟：长在我腰上不让我担心！赵本山：错！媳妇答。高秀敏：长在别人的脸上不让你担心。在评估证据、道德评判、评价他人时，人们常常会受到偏向自己的立场偏差影响，容易对自己的利益斤斤计较，对别人的利益漠不关心；宽以律己，严以待人；容易看到别人的问题，而对自己的问题视而不见。我方立场信息加工，容易让人们的想法和行为变得非理性。

生动效应指人易受鲜活个例吸引而忽略统计学数据。如果用两种不同的疾病描述方式，一种是“每万人死亡 1286 名”，另一种是“24.14% 的致死率”，那么研究参与者会将前一种疾病的危险等级评定得更高。人们看到具体的死亡人数时，脑海中的画面更生动具体。

综上，因为大脑擅长进行“属性替换”而忽略真正的支配关系，因为过度自信和认知偏差而启动“我方立场加工”，屈从于框架效应，用情感替代理性评价，看重短期利益而忽视长期利益，认知吝啬总是得逞，我们对这种不占用意识资源的情况下提供的答案毫无察觉。

心智程序的缺陷与污化

哈佛大学教授、著名教育心理学家戴维·珀金斯，曾苦心致力于研究如何改善人们的思考推理，以改变“先选定自己的立场，再来找支持自己立场的证据”的思考方式。他提出，会导致不良决策的心智程序问题有两类：心智程序缺陷和污化心智程序。

心智程序缺陷指大脑无法加载出足够支持优质思考的心智程序，即缺乏必要的规则、知识和策略来辅助决策判断和解决问题。例如，缺乏科学素养，对什么是科学、什么是伪科学分不清楚；缺乏概率思维，非黑即白，无法准确地估计可能性分布。通常来说，心智程序缺陷源于缺乏教育或者经验。但也有很多高智商个体缺少关键心智程序，同时很多低智商个体也会使用心智程序做出理性反应。

污化心智程序指大脑所加载的心智程序本身质量有问题，即这些程序本身就是导致非理性行为和思维的罪魁祸首。常见的污化心智程序包括：信仰超自然与迷信，过度依赖民间智慧与民间心理学，过度相信自己的反思能力等。

达特茅斯学院哲学教授罗伯特·福格林在《行走于理性的钢丝上》一书中说：“我们人类是不理性的动物，特别之处在于，我们有能力去相信自己大脑构思出来的稀奇古怪的东西。”

哈佛大学哲学教授罗伯特·诺奇克在《合理性的本质》一书中说：“理性使我们获取更多的知识，使我们能够更好地控制行为、情绪以及掌控世界，它使人能够改造自我，进而从实际及象征意义上超越动物的状态。”

行文至此，总结如下几点：

1）不理性是网上舆情的常态。

2）不理性有不理性的根源。

3）要构建自己的话语体系与标准叙事技巧来面对非理性。后面章节我会详细阐述。

004
全民沉浸的公众表演时代

“6000 元一晚的酒店，真的不值这个价。”

“老公竟然送了我一辆粉红色的兰博基尼，这颜色选得也太直男了吧，哎，怎么跟他说我不喜欢这个颜色呢？”

…………

2020 年，凡尔赛文学迸发兴盛。

靠凡尔赛文学装点的体面

凡尔赛文学，是一种以低调方式进行自我炫耀的话语模式，在不经意间展示出自己的优越与体面。其名称来源与凡尔赛宫有关。法国国王路易十四在位期间，在凡尔赛修建了欧洲最宏大、最华丽的宫殿，路易十五和路易十六在位时期继续建设凡尔赛宫。1762 年，法国王室由巴黎卢浮宫迁来此处定居，居住其中的法国贵族过着纸醉金迷、穷奢极侈的生活，直至1789年路易十六在法国大革命中被巴黎民众挟至巴黎城内，推上断头台。日本漫画家池田理代子以凡尔赛宫为故事发生地创作的漫画《凡尔赛玫瑰》中，有大量篇幅都在刻画路易十六时期宫中贵族们奢侈的生活。2020年，网友“小奶球”借用“凡尔赛”来指代喜欢在微博、朋友圈中炫耀高端生活的“网上贵族”。

现实生活中，人们想要突破阶层提高社会地位，这需要付出太多，而且也不一定能成功。但是，到了互联网世界中，一部手机就可以把这份憧憬落实，过上别人眼中令人艳羡的生活。炫耀是一门技术活，且有朝着百转千回、曲径通幽的方向发展的流行趋势，切忌直白赤裸或者套路化。一旦被看客们一眼看穿，易遭到群嘲或腹诽暗讽，当然也无法收获被他人夸赞或羡慕而产生的巨大满足感。

凡尔赛文学爆火背后，有着独特的网络时代社会学价值。

社交媒体时代，一个全民热衷于公众表演的时代

社会学家欧文·戈夫曼在《日常生活中的自我呈现》中提出，人们在日常生活中，非常关心并试图控制自己留给他人的印象，会通过语言、姿态、手势等来给他人留下自己希望留下的印象，这个过程叫“印象管理”。一个人希望留下好的印象给对方，就不得不采用一些手段和技巧，有意识地控制自己的行为，从而展现出有利于自己目的的形象，隐蔽那些属于真实自我却未必符合

对方期望的部分。

“一个人要是想到邻居家坐一坐，喝杯茶，那么他在进门时脸上就会荡漾着一种期待的、温暖的微笑。由于院子外面一般没有什么障碍物，屋子里面光线又很昏暗，所以要观察这位不受人注意的人进入房屋时的表情通常是很容易的。岛上的人经常饶有趣味地观察访问者在门前是怎样放弃原有的表情，并代之以一种令人愉快的表情。有些访问者也意识到总有人在观察自己的言行举止，因而在离房子很远时就换上一种令人愉快的面部表情，这样就能保证其他人始终对他保持着同样的印象。”

戈夫曼在书中所讲的，是人们在日常生活中如何运用各种道具和手段向他人“呈现”的过程，这种呈现不是自我真实情感的流露，而是存在无意或刻意的粉饰，有一点表演的成分。

在戈夫曼看来，整个社会就是一个大剧院，而我们每个人都是这偌大舞台上一个渺小的表演者，我们借助生活中的情景和道具，在与剧班其他成员的合谋之下，共同在观众面前表演一出出真情抑或假意的剧目。

没有社交媒体的时代，想要了解一个人，必须近距离观察对方，与之进行直接的人际交往。你需要事先训练，培养自己待人接物的方式和姿态，说什么话，做什么动作，语言、姿态、眼神、腔调，所有暴露在他人面前的细节你都要考虑到，你的表演依赖于你对自己身体的把握与控制。如果你演技欠佳或者准备不够，很容易就会造成表演的失误。

社交媒体时代，你不必再为此担心。想了解一个人，人们习惯看他的微信朋友圈、微博、抖音、小红书等。无论是公开的社交账号，还是相对私密的微信朋友圈，其实都是展现自我个性的表演平台。基于社交媒体的人际互动，已经是被中介化了的交往，即传统的面对面交往被通过社交媒体交往取代。在网络交往中，你更容易操控别人对你的印象，只要你掌握了网络交往的技巧；对方不知道真实的你的日常生活是顺利还是艰辛，也不知道真实的你究竟是什么模样。你只需要在社交媒体上给自己贴上相关标签，就能操控别人对你的看法。

在如今的社交媒体时代，人们会在社交媒体上对自我形象进行矫饰，往往倾向于展示自己美好的部分。人们在社交媒体上对自我形象的呈现，是一种重新构建自我的手段，这种构建往往会偏离自我，形成一种新的身份。

社交媒体时代，是一个全民热衷于公众表演的时代。

缺乏爱、渴望爱、失去爱

法国哲学家让－保罗·萨特曾说：“一个专心的学生希望自己专心，眼睛盯着先生，竖起耳朵，为扮演出专心的样子最终筋疲力尽，以至到了什么也听不见的程度。”

《恶俗：或现代文明的种种愚蠢》的作者保罗·福塞尔认为：“一样真正恶俗的事物，必然会显示出刻意虚饰、矫揉造作或欺骗性。”

英国作家阿兰·德波顿在《身份的焦虑》中提到："每一个成年人的生活可以说包含着两个关于爱的故事，第一个就是追求性爱的故事……第二个就是追求来自世界之爱的故事。""世界之爱"其实就是一种被爱心理，我们渴望得到他人的认可、欣赏、肯定。

德波顿用了一个比喻来说明我们内心的脆弱："我们的'自我'或自我形象就像一只漏气的气球，需要不断充入他人的爱戴才能保持形状，而他人的冷漠和忽视，则很容易把这只气球扎破。"

戈夫曼说："在许多面具和各种角色背后，每个表演者往往都是一种孤寂的神情，一种裸露的未经社会化的神情，一种全神贯注、独自肩负着艰难而又险恶使命的神情。"

人生如戏，并不仅仅因为我们要在别人面前苦心经营，还因为我们独自一人时难以坦诚地以自我坦露的方式来进行自我对话，尽管有那么一瞬间，我们动摇过、怀疑过、绝望过，但只是那么一瞬间，那个瞬间过去之后，我们又重新拾起面具，面对别人，面对镜子里的自己。

狂欢理论与无奈狂欢

苏联文艺理论家米哈伊尔·巴赫金的狂欢理论也是一种观察与理解大众心理的视角。

世界上不少国家和地区都有狂欢节，在狂欢节期间，人们会打破严格的等级秩序，同各个阶层和年龄段的人随意不拘地交往，并随心所欲地装扮自己，狂放不羁地载歌载舞，自由自在地说笑，纵情于食欲声色。巴赫金在《陀思妥耶夫斯基诗学问题》与《拉伯雷的创作与中世纪和文艺复兴时期的民间文化》中提出的狂欢理论，本是为了探索文化美学和诗学的命题，但它也可以用来解释许多社会需求。

最典型而普遍的例子是万圣节，这原本是一个源自西方的重要宗教节日，但近几年在国内一些城市，尤其是经济发达的特大城市中，万圣节逐渐被赋予了新的内涵，成为深受年轻人喜欢的、独特的本土化变装狂欢节。届时，各种脑洞大开的角色扮演都会成为网络上的热门话题，或者网络热梗本身也成为创意表达的来源，这为年轻人提供了一个释放压力和表达自我的机会。

类似的节日为什么能受到欢迎？巴赫金认为，狂欢节的本质是，先前存在的等级关系和职业差别统统暂时取消，实现短暂的、真正意义上的人人平等。人人都是观众，人人又都是演员，一切平时看似无礼的、招人讨厌的行为，都会烘托节日气氛，狂欢让生活本身成了表演，而表演则暂时成了生活本身。

说到表演，线下狂欢与表演要依赖特定的节日或契机，线上的表演（即“塑造人设”）则是一场随时随地都在发生的网络秀。拍照 5 分钟，修图 2 小时，修好后一定要九宫格，色调要统一，角度要恰当，发布顺序还大有讲究。当然，也有不愿意发自拍照的，找个看上去有格调的环境，点上一杯咖啡，配文“在咖啡的香气里，时间都慢了下来。每一口，都是对生活的热爱”，一个积极向上的形象就立住了。而现实里，发布人可能是一个刚失业，正在为找工作发愁的失意青年。对现在无数自嘲“社畜”“牛马”的社会人来说，朋友圈是成本最低的诗与远方。大家都心知肚明朋友圈展示的是人设，不代表真实生活，但大家都互相理解，并且给那些热爱发照片的朋友积极点赞评论。

在社交媒体时代，网络娱乐的成本很低，为“I人”和“E人”都提供了适合自己的表现方式，但与此同时，网络也是消费主义最强大的推手和放大器。我们在社交媒体上的行为数据，无论是展示了名牌包包，还是分享了被网友们戏称为“拼夕夕”的购物平台上所售的特价商品，抑或是点赞、分享了某篇公众号文章，最后都会成为广告算法数据的来源。各种数据被分析后，网络里的每一个人都活成了不同平台的标签，爱好、地区、性别、手机型号、年龄等标签类别会让平台推荐更精准的商品信息。这形成了一个闭环：消费—网络展示—广告获取素材—优化推荐广告—再次消费，这个循环不断强化个人的消费欲望，使人们在对物质的追逐中越陷越深。

如今已经有些年轻人开始反向训练大数据，在各大平台推荐的内容下留言，比如“价格贵，我再等等”，试图让平台给自己贴上“价格敏感”的标签，这样可以避免被大数据杀熟。这是社交媒体时代人们对算法支配消费习惯的反抗。是否有效另说，但这种现象确实反映了在算法的支配下，个体的独特性被淹没在商品符号的海洋中。

正如哲学家赫伯特·马尔库塞在《单向度的人》中所揭示的那样，消费主义不仅绑架了人们的物质生活，还侵蚀了他们的精神世界。网络既是低成本的乌托邦，也是消费主义的高效工具，它用看似自由的表象掩盖了资本对个体意识的操控，使人们在虚幻的满足中远离了真正的自由与真实。

005

从无人问津到抢购一空：影响与说服

著名经济学家梁小民分享过一个自己的故事。

他在东北林区工作的时候，有一天，当地商家找他，说店里的白糖卖不出去，再放的话天热就变质了，能不能帮忙想个办法。当年虽然物资紧缺，但林业局用木材换的白糖多，而且当地人吃糖不多，所以白糖并不紧缺。

梁先生想了想后和店家说，你在商店门口贴个告示，告示写："本店新进白糖一批，每户限购两斤，凭本购买，欲购从速，过期不候。"

告示贴上不久，白糖就脱销了，甚至还有人私下找店主想多买几斤。

人的心理有时就是这样，房地产限购时，有人假离婚也要买。有些书和电影被禁了，有人想办法也要去看。

上面白糖的例子，凭空制造出了稀缺效应——自由买卖时，大家觉得供给多不需要买；但在短缺情况下，人们就喜欢抢购。抢盐、抢口罩、抢感冒药……凭购货本购买是一种权利，不用就亏了。

限制，会让人做出不理性的决策

现在的商家同样深谙稀缺效应。在销售商品时候，商家经常会标示“数量有限，购完为止”“数量有限，每人限购2箱”之类的文字。

直播间卖货的时候，你会发现很多商品都会先上一部分，然后让大家抢购，抢完了再接着上……

如果你多次都抢不到，就会相信此款商品特别稀缺的假象。

本来你可能挺犹豫的，但多次都买不到的情况下，下一次主播再上链接，你一定会毫不犹豫地下单——“可算让我抢着了”。

当年房地产火爆时，许多楼盘卖房都会使用这样的策略。你去买房子，售楼员跟你说：“就只剩四楼这一套了，你自己看着办吧，反正没其他的了。”实际上，没卖出去的房子多的是。他们往往搞一个销售控制表，上面标着已售出的和在售的房源，打满了意味着“已售出”的红钩，空白的地方大概只有两三套。人家就是想告诉你，这房子抢手得很。控盘销售就是先趁着开盘用一些策略卖楼层、朝向不那么好的房子，楼层、朝向好的房子反正不愁卖。先制造稀缺感，让你赶紧抢着下手，这其实就是利用人心理的一个套路。

对失去某种东西的恐惧，似乎要比对获得它的渴望更能激发我们的行动力。每当有东西获取起来比较难、我们拥有它的自由受了限制时，我们就越发想要得到它。

限制，会让人做出不那么理性的决策。

比如，旅游途中，人们会因为下次不知什么时候再来这里，想着来都来了，随手带一件并不必需的纪念品吧。再讲个常能听到的故事：一般情况下，人们容易认同“昂贵＝优质”，尤其在自己不太懂的产品上。比如珠宝，当你想买质量好的绿松石，或者蜜蜡，或者天珠，但你对它又没有什么了解时，便很自然地靠价格去判断珠宝的价值。如果刚好你来到湖北十堰（绿松石的产地之一），作为并不了解当地情况的观光客，你看到绿松石展品被标上“原价：× × 元，现价：× × 元”的标签，那么你很容易会对前一个价格产生“昂贵＝优质”的反应，后一个价格会激发你占便宜的心理，觉得来都来了，不占点便宜就亏了。其实，你买下的珠宝的价值有可能比现价低得多。在这个情境中，地点（好不容易来一趟）、时间（马上要离开）、价格（这便宜不占亏了）等多重限制，会让你不自觉地陷入套路。

这种制造限制促成交易的套路，很早就有商人在用了。在古玩市场中，有一种更加高超的“表演”，叫“兄弟杵”。其基本操作是，当顾客对某件商品表现出兴趣并问价时，店员向远处的老板问价格。随后，店员假装没听清，报出了一个低于老板报价的价格，让你觉得自己占了便宜。这种营销方式旨在让顾客感到紧张和害怕，从而迅速做出购买决定（制造限制）。

兴奋也容易做傻事

人在冷静状态下与在兴奋状态下，思想和行为是不同的。在冷静状态下，一般都想不到自己在兴奋状态下会怎样。

有调查显示，受访者在兴奋状态下被问及是否会做出某些非正常行为时，他们回答“会”的数量，是他们处于冷静状态下的两倍。在酒醉后、跨年派对中、圣诞狂欢夜、情人节等节点，人的言行举止，与日常往往大不相同。

商家其实很善于利用人的兴奋状态，比如在情人节、七夕节等日子展开营销。尤其像“618”“双 11”大促时，很多消费者接收了太多促销信息，兴奋过头了，觉得这时候不买点什么就亏了，此时其他电商平台很容易就可以借势搭车，通过促销手段吸引客户。

当然，每年大促后冷静下来的退货潮，是年年大促季电商人的痛。2024 年，小红书上一位博主发帖称，自己的朋友在抖音卖女装，“618”促销，10 天销售额差不多有 1000 万元，但其中“仅退款”350 万元，“退货退款”380 万元，剩下的 270 万元还是未知数，没想到这次的退货率会飙升到近 80%。据其估算，此次为“618”备的货差不多后期可以低价卖完，但加上人工、投流、包装等费用，估计要亏 50 万～60 万元。

在类似“双 11”“618”这样的促销季，普通人的购买欲望被低价诱发，下单迅速，有时还会为了凑单满减而多买一些不需要的商品。当无数个这样“缺乏理智”的订单送达商家，商家下一步的决策会决定其大促季的“生死”。

影响力的武器

世界上有两件最难做的事：把自己的思想装进别人的脑袋里，把别人的钱装到自己的口袋里。

心理学家罗伯特·B. 西奥迪尼博士在《影响力》一书中，提出了人们冲动地顺从他人行为背后的六大心理原则——互惠、承诺和一致、社会认同、喜好、权威以及稀缺，作者结合这些心理动因，解释了为什么有些人极具说服力，而我们总是容易受其影响，产生顺从心理。接下来我们来看看人们是如何被这些心理影响理性决策的。

为什么先占便宜容易后吃亏——互惠

当你先受到别人的恩惠时，你会想着一定要回报别人的恩惠。同理，别人也是一样。

这是因为负债感会让我们感到极不愉快，它重重地压在我们的心头，以至于我们必须要将它除去。我们会想办法报答别人最初给予的恩惠。而一旦你开始遵守互惠原则，“给予—回馈”的齿轮就会转动起来。你日常遇到的试用服务、小礼品派送、免费试吃，其背后是商家算准的你会遵守互惠原则，你无法做到心安理得，十有八九会掏腰包买商家真正想卖给你的东西。

对互惠原则的运用有很多技巧，有时候并不需要实实在在给人什么，就能让对方为你做事。比如，你想让某人帮你个小忙，但你没把握对方会答应，那你可以先请求对方帮你个大忙，你知道对方肯定会拒绝，他拒绝之后你再提出想让他帮的小忙，这时由于互惠心理，对方会觉得亏欠了你，如果这个小忙不那么过分，他十有八九就会答应。

在中国这个人情社会，互惠原则常常被很多聪明人利用。如果有求于别人，他们会主动寻找所求之人的需求，然后给予帮助，这之后再请求别人帮忙时，成功率会更高。比如有些企业内负责公共关系的职员会了解合作伙伴的家庭情况，如果对方面临老人就医、孩子上学等方面的选择困境，他们会积极帮助并提供建议，那么其合作的大单、提出的需求，在互惠原则下会更容易得到满足。

互惠原则的使用场景广泛，对我们而言，不要贪图小便宜，别轻易受人恩惠。即使有时受到了别人的恩惠，如果对方事后提出的请求你并不认可，你也应断然拒绝，避免受互惠原则影响而犯错。

一开始就拒绝，比最后反悔要容易——承诺和一致

大多数人对别人作出承诺时，会按照承诺的那样行动。在对

别人有所承诺时，许多人即使事后发觉自己不该作出承诺，也会碍于面子，继续按照承诺行动。

我们在日常生活中也会不自觉地利用承诺和一致原则来影响他人的行为。

设想一下，你在一个人群拥挤的火车站，突然你想上厕所，但是你有很多行李不方便携带。如果你直接去卫生间，那么行李有可能会丢失。但如果你随便请求旁边某个人来帮你看一下行李，那么等你上完厕所回来以后，你的行李百分之百不会丢。

这就是承诺和一致原则的优点。在这个场景里面你没有用到任何外力和付出成本，你只是对旁边的某个人说，麻烦你帮我看一下行李，也并未给对方带来好处。但是他会花时间等你并保管行李，就是因为他作出了承诺，虽然这个承诺对他来说也没什么法律约束，但他依然会遵守承诺。

在营销领域，引导我们作出承诺的方式有很多种，商家会从最小的请求开始，最终实现大的请求的目标。有承诺，就会有一致性。如果商家能让你作出承诺，即选择某种立场，也就为你下一步机械的、无意识的一致性行为准备好了舞台。一旦选择了某种立场，坚持这个立场就是一种自然趋势。为了返 1 元而写评价，为了一份赠品而写好评……商家和你的互动，基本上要的都是你的承诺一致性。你有没有问过自己，你真的喜欢那家店吗？

要时刻注意避免受承诺和一致原则影响。当发现自己承诺有误，或者发现自己当时的认知是错的时，要果断坚信事实与真相，不要在意面子，主动承认错误，通过沟通解释自己的无知承诺，避免一错再错。

一开始就拒绝，比最后反悔要容易。

3亿人都在用，你为什么也会用？——社会认同

社会认同原则也叫作从众心理。人们倾向于相信并跟随其他人的行为。

人是社会性动物，在一定程度上来说，人是羊群里面的一只羊。在感到高度不确定的情况下，最好的一个生存办法就是跟随大众主流，也就是别人做什么，我就做什么，这肯定不会错。很多社会潮流就这样。

在偏远地区，人们由于信息闭塞、认知能力有限，大部分时候都被裹挟着从众，从事大家认为对的事情，从而形成一种趋势和潮流。很多人在潮流里根本不加思考，别人在做什么事情，他就跟进，这就是一种典型的社会认同。

社会认同原则在广告传播中用得非常多，比如现在市面上很多广告，说某某明星都在用，或者某某人群都在用，或者全国销量排行第一，或者销量领先，等等。这些广告都利用了社会认同原则，在或明或暗地告诉你大众都在用什么。如果你不跟随潮流，你就获得不了社会认同，而人都怕被归为异类。很多购物平台也会利用算法和大数据，提供“喜欢这个的人也喜欢那个”“大家都在用”“销量TOP10”等营销策略。

人们喜欢比较和从众，很多商家会巧妙地利用这点给顾客设置消费“陷阱”。比如：饭店菜单上总是有一个价格很高的菜品，尽管可能很少有人点，但高标价能给餐馆增加盈利，因为人们虽然可能不会点标价最贵的，但他们很可能会点排第二位的；在手机店里，销售员会把三个价格不等的手机放在一起，一般都是价格居中的卖得最好。

大众点评等评价类网站的核心竞争力就是海量评论。在网购商品时，很多用户也习惯看看店铺评分，或者点开商品评论区看看，以辅助进行消费决策，这背后的心理动机正是社会认同原则。

要想避免过于依赖并不完善的社会认同，就要坚持独立思考后再行动。

查理·芒格说，如果一味地模仿众人的做法，你永远只会在平均值处徘徊。

明星代言——喜好

人们常会放大自己喜爱之人的优点，而对他们的未知特性也做出正面的推断。这个很好理解，是光环效应，也是爱屋及乌。

喜好原则与光环效应类似，一个人的某一正面特征，会主导人们对这个人的整体看法。外表的吸引力就是这样一种正面特征，它在影响人们的意见方面很有说服力。

例如，在一个寻求帮助的实验中，长得漂亮的男女，通常会更多地得到人们的帮助，就连同性别的人对他们也是如此。我们会自动给长得好看的人添加一些正面特点，比如有才华、善良、诚实和聪明等。而且我们在做出判断的时候往往没有意识到外表魅力在其中发挥的作用。

明星、偶像、网红主播在不同群体心目中有着不同的影响力。明星指家喻户晓的名人，比如影视演员、歌手、知名的体育健将等。他们的社会影响力较高，有拿得出手的作品，无论在线上还是线下都具有高话题度，只要不“塌房”，就是各类庆典活动、时尚杂志、各类品牌的宠儿，他们的消费受众广泛。2021年刘德华入驻抖音，据说带动抖音的DAU（日活跃用户数）同比出现大幅增长。偶像（idol）一词因日韩流行文化在我国的传播而被广泛使用，在青年亚文化中特指通过娱乐公司的培养体系出道的唱跳艺人。他们常被冠以某些称号、头衔，典型的比如TFBOYS，他们出道时因为年龄比较小，具有“养成系”和“陪伴感”等特性，一度成为全国知名度最高的偶像团体。偶像的主要消费群体是其忠诚的粉丝，粉丝通过购买偶像的周边产品和代言产品，以及打榜等行为来支持偶像。网红主播与前两者在营销策略上有着质的不同，明星和偶像都有不同维度的才艺，主播则主打贴地气、不完美，甚至还有扮丑、卖惨等策略。网红主播讲究赛道，需要差异化以区别于其他主播，他们与受众没有距离感，但他们有自己的号召力。与前两者相比，网红主播需要展露自己生活化的一面。无论是明星、偶像还是网红主播，其代言或带货的产品都与其深度绑定，产品的销售量受到代言人外表魅力和人格魅力的影响。

品牌为什么喜欢用代言人来营销产品？无非希望代言人的粉丝，也能同样爱上他们代言的产品。

作为一个理性的人，应该知道，没有什么是完美的，对他人的好感不能代替自己的思考，而应该根据是否对自己有利来做决定。

骗子往往冒充领导——权威

人们往往会无条件相信具有权威的人。

服从权威人物的命令，总是能给我们带来一些实际的好处。因为权威人物要么掌握着更多的信息知识，要么掌握着对我们的奖惩权力。很多情况下，只要有正统的权威人物表态，本来应该考虑的事情就变得不重要了。头衔能让陌生人表现得恭顺。

“我开着切诺基，在十字路口等红灯，绿灯亮时，启动稍慢，后面的大奔摁着喇叭赶上来，摇下玻璃就骂。这个人可能根本就不是车主，就是个开车的，可他就觉得比你排场大。如果那天我开的是保时捷，他可能就不会骂。”张朝阳曾说。

开着名车的人堵在前面，后车可能不会摁喇叭，开普通车就会被人不停摁喇叭。普通人很容易受到权威影响，这个权威包括权威的个人、权威的组织或者权威的权力机构，有公信力的背书、专家背书，也可能是头衔或派头……

心理学家斯坦利·米尔格拉姆在《对权威的服从：一次逼近人性真相的心理学实验》中指出，即使是具有独立思考能力的成年人，也会为了服从权威的命令而做出一些完全丧失理智的事情来。有些时候人们会失去最简单的判断和思考，认为权威给定的东西一定是对的，就是要不折不扣地去执行。其实只要冷静下来简单地想想，可能都会觉得非常不合理。

其实，很多诈骗案件发生，是因为这些骗子往往都会装成专业人士（或官方客服）来进行诈骗。比如骗子会说自己是法院的人，会说自己是警察，会说自己是大型购物平台的官方客服，等等，这样才能诈骗得手。如果骗子只是以普通人的身份跟你交流，你肯定会有戒备之心，不会轻易把自己的钱掏出来；但是当骗子装扮成所谓权威官方代表时，很多人就会智商归零，按照对方的套路走，比如提供自己的银行卡和密码，或者是转账到某个安全账户，这就是权威带来的思考匮乏。

查理·芒格一直强调多元思维，每个人都可能犯锤子倾向的错误，权威的人也是如此。

你并不缺，只是想要占有——稀缺

现在的营销过程中最常使用的套路是：让某种东西变得“短缺”。这不仅会让我们更想得到它，而且当我们必须通过竞争才有可能得到它时，我们想得到它的愿望就更强烈。相应的话术包括拍卖竞标、数目稀少、截止日期、机会难得、错过后悔，等等。

实际上，害怕失去某种东西，比希望得到同等价值的东西，对人们的刺激作用更大。稀缺原则反映了人们的弱点。我们都知道，难以得到的东西通常都比容易得到的东西要好。因此，我们经常根据获得某种东西的难易程度，来快速判断其质量高低。

稀缺原则的力量还有一个比较独特的来源：从某种意义上说，当一种机会变得越来越难得时，我们也就失去了一部分自由。而失去已经获得的自由是让我们深恶痛绝的事。

心理学家杰克·布雷姆指出，人们都有一种维护既得利益的强烈愿望。以这个观点为核心，他发展出了“心理抗拒”理论，对人们被削弱个人支配权时产生的反应做出了解释。根据这一理论，当人们的自由选择受到限制或威胁时，维护这种自由的愿望就会使我们更想拥有这种自由（以及与之相关的商品和服务）。

一项对年轻情侣的研究发现，虽然父母的干涉会给他们的关系带来一些问题，比如他们会用更苛刻的眼光看待对方，会更多地谈论对方的负面行为，但也会使他们爱得更深，结婚的愿望更强烈。在研究过程中，每当父母的干涉加强时，他们的爱情会更强烈；当父母的干涉减弱时，他们的浪漫感情则会降温。研究表明，不能保持一致性的父母，特别容易培养出具有反叛精神的子女。

有时候，人们的满足感并不是来自对稀缺商品的体验，而是来自对它的占有。每当我们面临某种东西稀缺的压力时，一定要问自己：“我为什么想拥有它？”是想获得社会上、经济上或心理上的优势，还是只想获得它的使用价值？举个例子，每次功能更新升级幅度比较大的新款 iPhone 发售时，都会比较难在官网或者线下渠道直接购买到，有些人为了抢先体验新款，就会加价找黄牛购买。多付给黄牛的这部分钱，就是为商品的非使用属性额外支付的成本。其实只需要再等一段时间，就能以正常价格购买到。我们花钱买 iPhone，不是为了拥有而拥有，而是想要它的使用体验，在这种情况下就应该牢记：缺货时加价购买的 iPhone，并不会让其使用体验更好。

本讲开头的几个例子，其实就是制造稀缺与限制。

如今的商家，用得最多的，就是在过剩时代制造稀缺，把公众当猴子耍。

TWO

| 第二章 |

高下之辨
传播的体系与故事

006

好故事和传播的底层叙事逻辑

我们经常看到愚蠢至极的传播案例，也常常会被一些讲述调动起情绪，与其同悲共喜。为什么传播的效果会有云泥之别？大众传播有没有强有力的普遍适用的讲述逻辑？

成功的传播就是讲出好故事。

“西边的欧钢有老板，生儿维特根斯坦”，刀郎 2023 年的新歌中提到的维特根斯坦，是罗素的学生，希特勒的同学，哈耶克的亲戚，钢铁大王的儿子……他研究哲学及语言。“凡是能够说的事情，都能够说清楚，而凡是不能说的事情，就应该沉默”，他认为，语言是传播的第一介质，语言会不会被接受，取决于接受者会做出什么心理反应，所以研究认知心理学有助于好的传播。

好故事建构在已有的认知基础上

好传播要能讲一个好故事，好故事要建立在底层叙事逻辑之上，好逻辑要建构在受众的价值认知之上。

让你抛开家人、抛弃财富、清规戒律过一生，你是否愿意？让你吃苦在前、享受在后、甘于奉献，你是否愿意？人们在相信了一个世界观层面的“大故事”后，自然而然会有相应的行动。如果相信的是天人合一，则栖居山水；如果相信的是万法皆空，则放下欲望。你构建了他人的认知，他人就会回报以行动。

《品牌洗脑：世界著名品牌只做不说的营销秘密》的作者马丁·林斯特龙通过大脑功能性磁共振成像研究发现，当看到一个品牌形象时，其粉丝的大脑被激活的区域，和他们看到祖国及所信仰的宗教形象时大脑被激活的区域是一样的——品牌认知体系，和国家与宗教的认知体系类似。国家与宗教得到民众与信众的支持，源自其完备的认知体系——理念（价值观）、旗帜（徽章、歌曲）、领袖、节日（仪式）、英雄、敌人……

品牌有两大作用：一是建立区隔性，让企业跳脱使用价值层面的竞争市场，升维竞争；二是承载某些意义，让消费者降低决策时间和风险，降维选择。

品牌识别需要做到两点：鲜明性，有别于他者的鲜明特征；认同感，和消费者心中的某些事物联系在一起。

品牌策略是品牌的原点，而品牌符号、品牌故事、品牌背书、品牌触点是品牌落地的支点。

维特根斯坦认为，糟糕的语言表达构建不了故事，占据不了认知。

国学大师王国维也这样认为。他在《人间词话》里说，写景有隔与不隔之分。隔，就是有隔膜、不易感知；不隔，就是文字还原了场景和体验。他举例说，“采菊东篱下，悠然见南山”，不隔；“池塘生春草”，不隔。不隔，并能唤起感受，无非就是把抽象信息具象化、视觉化、听觉化、触觉化、味觉化，用受众解码负担最低的方式，传递给他们。

好莱坞的故事构建套路

讲到故事构建，好莱坞显然有套路，据说好莱坞编剧一般会看两本书。

一本是《千面英雄》，作者约瑟夫·坎贝尔；一本是《故事：材质、结构、风格和银幕剧作的原理》(以下简称《故事》)，作者罗伯特·麦基。前者启发了系列经典电影的创作，包括《狮子王》《美女与野兽》《星球大战》《黑客帝国》等；后者启发了很多好莱坞编剧，乃至为全球的影视剧创作提供了系统的理论框架，据说麦基的学员中60人获奥斯卡金像奖，170人获艾美奖……

《千面英雄》的思想源头是荣格，《故事》的思想源头是弗洛伊德。

坎贝尔多年研究全球各地的神话与宗教故事，总结出：“一个故事结构”和“一个英雄”。他在《千面英雄》中道出英雄故事中共通的奥秘，英雄的旅程基本上都是四部曲：启程—启蒙—考验—归来。启程，离开现在所处的地方，进入新的领域（或地域），开始历险和挑战；启蒙，在过程中遇到某一冲击或启示，幡然醒悟；考验，故事的高潮，进入险境，解决困境，直面问题；归来，故事的结尾是回归初心，英雄回家。

好莱坞编剧顾问克里斯托弗·沃格勒把四部曲拆分为12个阶段（见图2-1）。

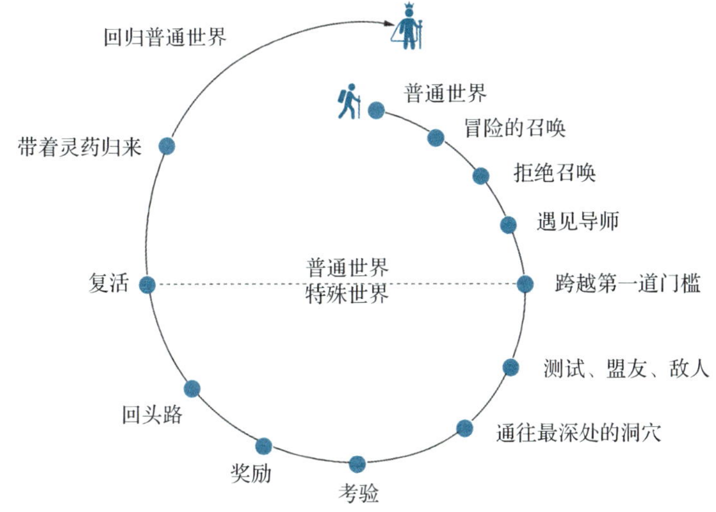

图2-1　英雄旅程四部曲的12个阶段

1）普通世界：英雄出场，平平无奇

2）冒险的召唤：变故发生

3）拒绝召唤：抗拒纠结

4）遇见导师：受到启发

5）跨越第一道门槛：英雄出发

6）测试、盟友、敌人：经历小难，分清敌友

7）通往最深处的洞穴：接近目标

8）考验：战胜困境

9）奖励：获得宝物

10）回头路：更大困难

11）复活：浴火重生

12）带着灵药归来：英雄凯旋

“英雄之旅”不是唯一的故事模板，它源自人类内心深处的“集体无意识”，这种主人公从普通到超然，从困难到成功的经历，会让人不自觉代入自己。

麦基也总结了故事的基本叙事结构：激励事件—进展纠葛—危机—高潮—结局。故事的本质，就是人的内在欲望与外部现实的碰撞交锋，这种碰撞以现实冲突的形式出现，人物生活的平衡因此被打破，而人物的本性在因冲突而生的压力中得以揭示。

麦基探讨了故事创作的核心要素和原则，强调了情节和角色、故事的真实性、主人公的特性的重要性，以及如何通过这些要素构建引人入胜的故事。

（1）情节和角色的重要性。一个好的故事应该能够引起观众的共鸣，让他们投入到情节和角色的世界中。这并不仅仅是指故事要贴近现实，更重要的是能够触动人的心灵。因此，在创作故

事时，需要注重塑造具有深度和复杂性的角色，让他们的行为、情感和思想能够引起观众共鸣。同时，情节发展要能够让观众信服，具有内在的逻辑性和连贯性，避免出现突兀或不合逻辑的情节。

（2）故事的真实性。麦基认为，故事的真实性至关重要。这种真实性不仅关乎情节和角色的塑造，还涉及故事要服务于一个核心的真实观点或洞见。这个观点或洞见应该是故事的中心思想，能够引起观众的深思。在创作故事时，要明确自己想要表达的核心观点或洞见，并将其融入情节和角色，让故事具有更深层次的内涵和意义。

（3）主人公的特性。麦基提出，主人公应具有意志和能力，去追求其自觉和不自觉的欲望，直到故事结束。主人公必须具有移情作用，即观众能在主人公身上发现某种普遍的人性，因而认同他的欲望，并希望他的欲望能够得到满足。通过移情，观众能够“考验并延伸自己的人性”，在故事中体验不同的生活状态。

罗伯特·麦基通过对情节和角色、故事的真实性以及主人公的特性的探讨，为创作者提供了一套系统的故事创作指南，以帮助创作者创作出能够引起观众共鸣、具有深刻内涵和意义的故事。

弘一法师说，欲为诸法本，心如工画师。

麦基说，只有天才而没有手艺，就像只有燃料而没有引擎一样。它能像野火一样爆裂燃烧，结果却是徒劳无功。

不回避苦难，不硬上价值

好传播从不隔靴搔痒，好故事从不大而无当，好故事能撬开人的心门，一直往最里面走。

可以想想，那些年我们追过的企业，都讲过什么故事，采用的是什么样的底层叙事逻辑。

中年创业，屡受挫折，奋力抗击，归来仍是英雄……

英雄故事在企业、文学、影视作品中，在神话故事中，诞生模式如出一辙。英雄起初只是平凡的小人物，总要经历迷茫、无助、畏惧和内心的摇摆，一如莱昂纳德·科恩在他那首名为《颂歌》的歌曲里所唱："万物皆有裂痕，那是光照进来的地方。"

好故事绝不掩饰苦难，因为它就是关于主角战胜困难，实现伟大目标或自我成长的描述。

好故事不会直接给人上价值。故事一般由两部分组成，一个叫情节，一个叫价值（它藏在情节后面，越深越不易察觉则越好）。情节，就是事情是怎么发生的，前面发生了什么，后面发生了什么，情节越曲折，人们听得越带劲；在听故事情节时，脑子是跟着一起想的，如果情节不合理，人们的思绪肯定一下子就跳出来了。价值，就是故事的目的和寓意。这个世界已经没有新道理可以讲了，道理都有人讲过，没有必要在故事里上价值。一个好故事是让听众感觉他自己的想法被认可，而不是去教听众一些新想法。

写出《极权主义的起源》的汉娜·阿伦特强调："故事揭示

内涵，但从不会指明内涵。”

品牌营销专家吉姆·西诺雷利在《认同感：用故事包装事实的艺术》一书中特别提到：“故事最重要的目的不是传递信息，而是引导我们去思考及产生共鸣。”故事之所以容易被人接受，并长期记住，很大程度上是因为人们更喜欢自己发掘观点，而不是被告知。

怎么讲个有感的故事

今天，讲故事已经成为对抗碎片化、吸引注意力最重要的方式。

世界上有影响力的人，大部分都是讲故事的高手，比如苹果的创始人史蒂夫·乔布斯、华为的创始人任正非、造火箭的埃隆·马斯克等，他们每个人都擅长用“故事”为自己的工作赋予意义，并快速吸引别人的注意力。

好莱坞电影之所以长期占据全球票房排行榜前列，就是因为它们太会讲故事。好莱坞衡量一个电影剧本好不好有三个标准：故事，故事，还是故事！

《华尔街日报》等媒体之所以有较强的影响力，非常重要的原因就是其擅长讲故事。其内容通常以一个具体的故事开头，先拉进与读者的距离，加强代入感，然后从故事自然过渡到新闻的核心内容，接下来展开分析，深入阐述新闻主题，通常会结合数据和更多背景，最后在结尾回归故事，呼应开头。这种写法以小见大，符合读者认识事件从具体到抽象的过程，用讲故事的方式，在增强吸引力的同时传递丰富的资讯。

安妮特·西蒙斯写过《故事思维》《你的团队需要一个会讲故事的人》等书，总结了利用故事思维做营销、做管理、做传播的 3 个方法论。

1. 讲大部分人都喜欢听的故事

西蒙斯总结了几类受欢迎的故事类型。

“我是谁”的故事。即向受众呈现自己最显著的人格特点。比如很多人都听过刘强东考上大学时，父老乡亲凑鸡蛋和现金给他，现在他回报村民，给老人发钱，投资产业园的故事。这个故事向受众传递了刘强东一穷二白起家，没有任何背景，且知恩图报的形象。

“相信我”的故事。为什么我有能力做好这件事？通过分享自己失败（潜台词，这个坑我踩过了）或成功的经历来展现实力，让听众相信“我行，所以我上”。职场中，很多创业者，尤其是那些有大厂光环的创业者、领导，特别喜欢分享自己过去的经历，因为这是一个让人“相信我”的过程。

“我来干啥”的故事。解释我要做什么事，通常是讲述面临了什么挑战，碰到了什么需要解决的问题等。

“愿景”的故事。接地气一点的说法，就是你准备画多大的饼？比如罗永浩，网友们说他是互联网上最会讲故事的人，这一点都不夸张，比如创办锤子手机时，罗永浩给锤子的定位是做出

“挑战和致敬乔布斯”的产品——“东半球最好的手机”。先不论成败，罗永浩当时靠讲故事，收获了一大堆死忠粉。虽然锤子手机惨淡收场，但没有人怀疑他讲故事的能力。

教学的故事。即经验分享，这个过程中，有哪些技巧、方法论是可以拿出来说道说道的？分享经验可以让人有获得感。知乎这样的内容平台为什么能成功，并且在互联网获得一席之地？就是因为获取知识是一个强需求，“有用”是评估内容是否优质的重要维度。

2. 如何讲好一个故事

三段式布局，中间设置人生“小转折”，制造冲突或挑战，引发共鸣。冲突是故事的核心，在人生的某个时段，你很想做成一件十分困难的事情，但是面临诸多挑战和外界压力，最终你按照自己的方式获得了成功。这类故事奏效的原因是，其能量会感染人、方法会启发人、结果会鼓舞人。

善于利用肢体语言，强化感官体验。有人专门研究过乔布斯的演讲，他独特的肢体语言是他的典型风格，成为后来者争相模仿的典范。比如他会用手势模拟“滑动”屏幕的动作，让观众直观地感受到产品的易用性。

3. 从不同立场和视角讲述故事，给予受众情绪价值

电影《哪吒之魔童闹海》，传播最广、受众最多的那些内容，不是吹爆导演、夸奖电影好看的帖子，而是那些质疑申公豹、理解申公豹、成为土拨鼠的内容。观众很容易带入自己的立场：申

公豹是“考上 985 的小镇做题家”，已经是百里挑一了，基数最大的土拨鼠才是普通“牛马”的常态。这样的叙事就很容易让人共情。

吸引人的故事的能量是很大的。在信息发达的自媒体时代，用讲故事的方式，让你想向受众传递的信息不被淹没在千篇一律的信息里，是一个非常重要的技能。

开口就能用的“丛林遇险套路”

在日常交往及日常讲述中，如何迅速以故事逻辑抓住听众？在《说服的艺术》中，美国顶尖募资人奥伦·克拉夫提出了一个可以为故事戴上光环的叙事模式：首先把人扔进荒野丛林；再加入野兽的威胁；最后看他能否化险为夷。假设现在的场景是向受众讲述创业维艰的故事，那么可以套用上述“丛林遇险套路”的叙事模式。这个故事包括四个部分：创业者失业了准备自己干，信心满满入场；创业稍有起色，却遭遇资金链断裂；创业者到处融资却颗粒无收；关键时刻创业者靠某个特质打动某个资方，最后公司得救。

详细来讲，故事的第一个部分是，有一名创业者，假设他叫老王，曾经是某个大公司的中高层管理者，因替人背锅被裁员。这时候听众的紧张感和好奇心就被激发了。接着第二个部分是，老王不想就此妥协，不愿意屈服于命运，想利用自己的经验和人脉开拓新市场，如果是原公司赛道，能抢一部分原公司的业务，那真是“大仇得报”了。由于业务能力过硬、渠道丰富，老王创业初见起色。接下来第三个部分是，正当老王和团队庆祝业绩初步达成，ROI（投资回报率）打正即将盈利时，原公司老板在幕后痛下杀手，用更优厚的条件逼他的经销商二选一，迫于原公司的影响力，老王的经销商不得不“做出艰难的决定”。经销商的突然变卦导致老王的公司危在旦夕。最后第四个部分是，老王不甘心，他一周内见了 10 多个投资人，然而颗粒无收。快到月底发薪日了，就在他陷入绝望时，他接到了一个前合作伙伴的电话，对方说：“你的公司能在 1 年内营收，效率比你原公司提高了 3 倍，虽然因为你原公司的影响力我选择不和你合作了，但是，我欣赏你做事的方法，我入股的投资机构愿意为你提供资金。”最后老王的公司起死回生，逐渐壮大，成为原公司最大的竞争对手。

这个故事是不是很熟悉？很多创业大佬的故事，都有“丛林遇险套路”的影子，说明它是可复制的叙事模式。

关于讲故事，还有两点需要注意。

1. 故事最初的受众可能不是消费者

一个创立初期需要获得信任感的品牌，在触及大众之前，相关故事可能更多是用来说服利益相关方的，比如团队、投资人、重要渠道……

2. 真实的是故事，虚构的是广告创意

虚假的故事终究会被发现，要讲好故事，可以在真实故事的基础上简化、戏剧化，但不要弄虚作假，给自己挖坑。

007

传播要有不同的话语体系

马克思说："人的本质不是单个人所固有的抽象物，在其现实性上，它是一切社会关系的总和"。

同理，一个企业也不是孤立存在的，企业是社会的一部分，企业的本质是社会关系，是各种供应、销售与竞争关系的总和。企业存在于社会之中，不可避免地要与企业外的社会群体产生经济交往，进行利益交换。因此，企业的外部关系就成为企业发展过程中不可轻忽的大事。

外部关系有不同的面。个人、企业、国家均如此。

对一个人来说，在现实生活中他会扮演不同角色：父母的孩子、孩子的父母、丈夫或妻子的爱人、领导的下属、下属的领导、某个服务的提供者、享受某个服务的顾客……在不同的社会角色中，必须要有与其身份相适应的角色呈现与话语体系。

梁漱溟先生说，人这一生要处理三大问题，人与物之间的问题，人与人之间的问题，人与自己内心之间的问题——见天地、见众生、见自己。三者的共同目标在于“和谐”。人与物和谐，才不会穷困潦倒，因为幸福需要一定的物质基础；人与人和谐，才会有一个良好的人际环境，才能干好事业；人与自己内心和谐，才会安宁、身心愉悦。

处理关系，最需要关注的是用来沟通的话语体系。话语构建关系、构建亲疏、构建自己。比如，在父母面前说话要有晚辈的姿态，不能像对朋友那样；在爱人面前，可以平等幽默，诸如此类。人只有一个腔调就说不过去，如果有的人在单位是个领导，回家对孩子、爱人，甚至对父母也是一副领导做派，这就会闹笑话。

企业处理内外部关系也是一个道理。

构建不同的话语体系

企业要处理好五大关系：政府关系、行业关系、用户关系、媒体关系、社会组织和意见领袖关系。与不同群体沟通时，需要用不同的话语体系。

如今有越来越多的企业发展海外业务或海外上市，企业在海外和国内的传播，对资本市场和对用户讲的话语，同样也大有差别。

优酷 2010 年在美国纽约证券交易所上市，为了便于海外资本市场理解优酷的模式，当时讲的故事是：优酷是中国的“Hulu+Netflix（奈飞）”，做到了 YouTube 的规模。这三家当时是美国资本市场人所共知的视频企业，Hulu 是长视频影视剧的代表，Netflix 是自制剧的代表，YouTube 是 UGC（用户生产内容）和 PGC（专业生产内容）的代表，Hulu 和 Netflix 盈利模式良好，YouTube 人气高、用户多。优酷对资本市场如此沟通，对于投资人快速理解它就非常有帮助。同期筹备上市的土豆网，则把自己称作“YouTube+Hulu+HBO”。

可以想象，对于华尔街投资人，优酷的这种说法能使投资人一下子明白。但如果它也对国内的用户讲这个，用户对这些国外企业并不了解，则会一头雾水。当时优酷在国内对 C 端用户讲的是：“优酷是一家 24 小时在线的网络电视台，你可以随时选到你爱看的节目。”优酷在上市前的一句 slogan（口号）是“世界都在看”，我清晰地记得优酷对此的三层阐释。第一层，世界都在看视频网站，因为视频网站提供了比电视台更丰富的内容，24 小时在线，你如果想了解更丰富的世界，就应该看视频网站——优酷。第二层，世界通过视频网站看到你，当时许多普通人在视频网站火起来，成为名人，如西单女孩、旭日阳刚、“楼道王菲”刘美麟、大衣哥朱之文等，所以每一个普通人都可以来视频网站——优酷勇敢展示自己，让世界看到。第三层，世界通过视频网站来了解中国，视频呈现的不止一面。

而对国内的影视行业，优酷则一直在讲“台网联动”，台在网前，强调网站与电视台的联动，如此才能创造收视高潮，形成热点话题。

To B、To C、To G、To M 的不同话语风格

我们讲，传播必须对不同的人群有不同的沟通方式和话语体系。除了我们熟知的 To B、To C，有时还要区分 To G（面向政府用户），To M（面向社交媒体）。

To B、To G 的语言，要强调社会价值和社会贡献，偏行业属性；To C、To M 的传播，则需要放下架子，用年轻人喜闻乐见的语言、形式，活泼生动，有清晰的人设，最好有利益点、记忆点，这样用户才能看得来、记得住，有亲切感。在社交媒体上的传播，简而言之要做到四点：喜闻乐见、感同身受、与我有关、社交货币。如果四点都不沾，就是自己在那儿自说自话、自吹自擂，肯定不会有什么好效果。

企业进行对外关系管理及传播，一是要消除误解和负面舆论，二是要塑造品牌口碑，三是要驱动公司战略、运营与价值观的进化。能不能给公司创造良好的外部环境，为公司业务发展保驾护航，取得政府、行业、用户、媒体及其他群体的支持，关键就看怎么沟通，这就需要从梳理不同的话语体系开始。

对不同受众，打磨不同的话语体系，匹配不同的媒体渠道，这是传播最基本的功夫。话术的打磨完善，先期务必要有企业创始人参与，构建起自己的一套体系。体系构建完成之后，日常传

播就是在这套体系的框架内发挥了，不断重复就好。

话语体系建立在理论体系基础上

企业话语体系最有力、最有效的构建方式，就是先找到理论体系支撑。

正如一个学科的发展要有理论基础一样，一个公司的对外叙事，也应该找到自己的理论基础。

我们可以看几个公司的例子。360 公司的理论与实践受到几本书的影响，如克里斯·安德森的《免费：商业的未来》，大卫·B. 尤费的《柔道战略》，克莱顿·克里斯坦森的《创新者的窘境》和《创新者的解答》等书（360 公司 CEO 周鸿祎曾在不同场合推荐过这些著作）。《免费：商业的未来》中提及的商业模式建立在计算机字节基础上，而非建立在物理原子基础上，“免费”是数字化时代的一种生存法则，一种可以改变旧有发展模式的“动力机器”。周鸿祎后来总结道，“免费”这种商业模式，是羊毛出在猪身上，让狗买单。

而百度的理论基础多少可以在克里斯·安德森的《长尾理论》中找到——尽管人们仍然对头部着迷，但如今的市场已经分化成了无数不同的领域，市场曲线中那条长长的尾部，已成为可以寄予厚望的新的利润增长点。百度不再只是依靠头部广告商的品牌广告生存。构成百度收入来源的，是无数中小商家的付费搜索广告。知名金融科技企业乐信的理论基础，是米尔顿·弗里德曼的永久收入假说——人们眼下的消费并不取决于眼下的收入，而是取决于对未来收入的预期。人们如果预期收入可见，便愿意分期买房、买车、购物。

类似的例子不胜枚举，优秀的企业，一定有利益大众的深厚理论基础支撑。

话语与“黑话”

“公司上半年对人员和项目做了一些结构化调整。”

“通过对大量的文本数据进行结构化分析，我们可以更好地理解用户的需求。”

这些句子里，有没有“结构化”三个字，意思都一样。从话语的角度，我们说说互联网“职场黑话”。

这些所谓的黑话，最初源于BAT（百度、阿里巴巴、腾讯）这些大厂内部员工的沟通。在公司内部会议，产品发布会或宣传活动，招聘和面试，公司年报、季报、白皮书等正式文件中，处处都有“职场黑话”的身影。随着近些年大厂或主动或被动地往其他企业或行业输送人才，这些人才的语言模式和工作思维，逐渐向行业内中小企业扩散。又因为这些“黑话”往往让人不明觉厉，它们逐渐出圈，在整个社会流行起来。下面是一些例子。

赋能和抓手：前者指的是赋予能量和增加价值；后者指在工作中找到重点、关键和突破口，以实现项目高效推进。

链路和痛点：前者指项目实施中的方法和路径；后者指市场

不能满足但客户迫切需要的功能。

裂变和黏度：裂变指用户量的指数级增长；黏度则指用户对产品的忠诚度，即用户是否愿意再次使用和消费。

这类“黑话”还有很多，如：复盘、落地、联动、中台、闭环、矩阵、场景、动线、冷启动、组合拳、颗粒度、感知度、引爆点、点线面、精细化、差异化、结构化、端到端、生命周期、关键路径、去中心化、结果导向、对一下、碰一下、过一下、抢品类、卡认知、占场景、扁平化、差异化、小步快跑、价值转化、强化认知、资源倾斜、资源配置、完善逻辑、渠道下沉、用户下沉、降维打击、高频触达、快速迭代、打破结界、升维定位……

“黑话”本质上是为了节省时间和高效沟通，也逐渐构筑了这个群体的壁垒。

语言分化带来的副产品就是——圈地自萌和破圈困难。

有时不同亚文化群体之间尽管在外界看来界限模糊，但由于黑话的产生，其内部差别清晰。这导致不同群体之间如果不借助某个中介，根本无法进行有效交流。

在极端情况下，长期被某种话语塑造的人，会失去否定和怀疑的能力，在这个环境里成为单向度的人，无法展开想象。

斯洛文尼亚哲学家斯拉沃热·齐泽克讲过一则笑话，背景是曾经的东德。一个工人得到一份在西伯利亚的工作，他意识到所有信件都要被审查，因此告诉朋友：“我们设个暗号，如果你收到的信是用蓝墨水写的，就是真话；如果是用红墨水写的，就是假话。”一个月后，朋友收到了第一封信，信上用蓝墨水写道：“这儿一切都很棒，商品丰富，食物充足，公寓很大，供热也好，电影院放的都是西方电影，什么都有——唯一搞不到的就是红墨水。”

语言和语法在某种程度上确实会影响一个文明的思维方式和发展方向。尼采对形而上学的批判恰恰说明，人类如何思考，很大程度上取决于他们如何言说。

008
企业传播的段位

但凡面向公众的公司，不管是提供产品还是服务，都需要有公关传播团队。因为面向公众意味着必然要处理公众关系，需要和公众建立连接，培养情感。

建立连接的渠道，一个是自建渠道，一个是外部渠道。

自建渠道包括：官方微博、微信（订阅号、服务号、视频号）、抖音、小红书、B 站、知乎……

外部渠道包括：官方媒体、网络媒体、地方媒体、行业媒体等构建的官方舆论场，民间舆论场中的自媒体，微博、贴吧论坛中的 KOL（关键意见领袖）、KOC（关键意见消费者）……

四种呈现

热点事件传播、企业间公关战出招拆招的背后，考验的是各家传播手段的高下。简单划分的话，以下是中国式企业公关传播最常见的四种呈现方式。

说了算。比如某知名互联网企业，有庞大且经验丰富的团队，有外部众多参控股及合作媒体，有意见领袖认可、经费支持等。在这样的优势之下，其公关传播往往会有非常出色的表现，不管是对企业领头羊地位的塑造，还是对其创始人企业领袖形象的包装，都有“说了算”的效果。

算了说。比如南方某知名科技企业、北方某知名安全企业，它们总能找到行业里最恰当的对标对象，通过对国民情绪的调动，或者对目标企业的借力 PK，让自己的推广迅速成为关注热点，从而达成用户认知及传播推广目标。通过一系列传播事件及战事，成功把企业与产品一次次送入大众的关注视野。有把握了再行动，符合“算了说”的特质。

说算了。这种企业很多，遇到负面舆情，哪怕有传播机会，需要公关传播扮演关键角色的时候，往往会选择“说算了”。安慰自己的借口是：低调点。

算说了。这种企业更多，养几个做公关传播的人，偶尔发点无关痛痒的稿子，传播无主题、无规划、无效果，聊以自慰的是，“算说了”。

企业公关传播无非是对以下四个要素的拿捏。拿捏方法不同，效果自然不同。

新闻点（内容）。对新闻点的提炼策划，决定了传播的穿透力。没有好策划，就不会有好传播。想想看，一个企业怎么可能时常有大事发生？但如果就此认为没什么好说的，那就是天大的错误。好内容是策划出来的，不要局限在小视角，就盯着自己企业这一亩三分地，要打开视野。一家企业的内容是软文，两家企业 PK 就是新闻；内容策划纳入行业信息、纳入行业内标杆企业的信息，只会抬升自己的企业，增加文章的新闻性和可读性，不会对自己的企业有任何不利影响；任何社会热点、社会动向、热点品牌、热门事件，都可以想办法连接到企业，打造看点满满的新闻。

关系处理（渠道）。在维护与拓展媒体关系的过程中，传播渠道的选择决定了要触达的人群。在企业公关传播人员有限的情况下，最起码要做到精准选择渠道。要想透彻了解渠道、不断拓展新渠道，传播团队的媒介要不断进化，旧船票登不上新客船。如果内容策划部门辛辛苦苦写了稿子，媒介部门只会发通稿出去，那这传播效果可想而知。关于渠道选择，该放独家的放独家，该选择自媒体的不要选择官方媒体，该做文字视频化、切片传播时就去做。渠道选择也是门学问，要想让消息显得珍贵，得靠找到传播支点“传”出去，而不是靠广泛撒网“推”出去。

投入。包括费用投入、人员投入、精力投入等。不同诉求匹配不同投入。传播早期要像巴菲特说的“滚雪球”一样，找到湿的雪和长的坡，然后通过投入让雪球滚起来。

结果洞察。选择合适的时机，和合适的对象讲合适的内容，预计会产生什么样的结果，这些对合格的传播者来说是基本功。一个稿子在传播之前，就要知道受众读到后会有什么反应，能起到什么效果。真的高明，是事先便对结果了然于胸。

五种段位

不同企业对传播部门的认知与期待很不一样，一般来说，企业公关传播团队有以下五种段位：配合、发布、消灭价值、价值创造、耳目喉舌。

大多数企业的公关传播，是以配合媒体关切与满足媒体需求为主。企业创业之初，但凡做出点动静，有媒体关注，写了负面的报道，或者有用户不满去网上吐槽，企业就会有组建公关传播部门的想法。公关传播部门基本上招的第一个人，都是有点媒体关系的媒介人员。可以对接媒体需求，处理点负面舆论，对外简单传递点企业信息，大多数企业觉得这就是公关传播能起到的最大作用、发挥的最大价值了。这是初级段位——配合。

再高一点的叫发布。这个发布不是指简单写个东西后上传公开，而是能够在企业内部根据业务需要，进行信息收集、提炼、加工，并根据加工内容联络媒体做一些消息输出的工作。这时候，公关传播部门就不能只有一个媒介人员了，而是得有个懂内容策划的人和媒介人员搭档，这样一个简单的生产＋输出的链条就成形了。这时候的公关传播部门自有其价值，但价值有限。这个段位的最大问题是，发布往往被当成目的，发布内容往往是无主题变奏，内部有什么消息，略微加工后就发什么消息，没有传播主题，也不管能否达到传播目的。试想一下，在最平常的一天，有多少大大小小的新闻在发布，多少企业在发布自己的消息，如果是小企业 + 小团队 + 无主题 + 无意识，那传播的效果可想而知。在此基础上，小企业、小团队继续进化，开始聚焦主题，做些有意识的策划。

在此之上，更高一点的段位就是消灭价值，即舆论战、公关战。企业在发展壮大的过程中，开始碰触到竞争对手，不管无心还是有意，摩擦不断产生。公关传播团队这时候不能再只发发稿子过太平日子了，要干点更有技术含量的活儿，这就是那些善于打舆论战、公关战的企业常干的事——眼里盯着竞争对手，靠挫敌人锐气来彰显自己的独特价值。这比只发发软文难度大了很多。公关战、舆论战因在竞争中成本低廉，能带风向，又能扰乱对手心智，往往被频繁使用；在早些年互联网企业飞速发展、边界不断扩张的年代，在中国式公关的语境中，一度大行其道。像滴滴 vs 快的，58 同城 vs 赶集网，美团 vs 大众点评，摩拜 vs ofo……太多太多的例子。这里值得澄清的一点是，公关战不全是坏事，不全是消灭价值，可能 PK 的两家企业公关传播团队承压较大，但带来的是两家企业持续获得高关注度，行业内排名在后面的企业，往往就没有太多受关注的机会，从而慢慢被边缘化了。

再往上便是价值创造。价值创造是精细活，就像球场上球员进球，没点底子不行。不像舆论战、公关战，一个脚法粗糙的球员也能把带球过来的对方球员放倒，不一定有多高的技术含量。况且，建设比破坏要难得多。建一座桥需要日夜赶工，但毁掉一座桥可能就在眨眼之间。所以质疑容易，但不断正向传递价值非常之难。价值创造需要什么条件呢？简单讲，要有敏锐的舆情处置力、完善的话术构建力，以及在洞察及顺势基础上的渠道引导力。举个例子，2022 年 8 月 2 日，时任美国众议院议长佩洛西窜访中国台湾地区，随后，解放军在台海周边进行重要军事演训行动。在那样的时间点上，网友发现百度地图可精确显示中国台湾地区的街道，且许多街道以大陆地名命名。这让百度地图被“搜崩”。8 月 6 日，百度地图推出全新版本并上线新功能“全民共建台湾省实景地图”，引起网友关注。百度地图对公众情绪的把控，对每个传播点的掌控，都是非常精准到位的。这样的经典案例可以举出非常多。

最高的段位，自然就是公关传播团队能成为企业的耳目喉舌。公关传播团队上升到了战略层面，利用自己的渠道优势和视野优势，收集行业的发展动态、行业内标杆企业的启示性动作，将其及时转化为公司决策的依据；收集用户不管是赞美还是吐槽的信息，做些分析梳理，将成果提供给业务团队，给公司产品和服务的改进带来更多视角。这样的公关传播团队不仅能给公司带来在招聘、融资、业务开拓、新客户获取、凝聚士气等方面的显性益处，还能在行业视角、用户视角等多方视角下，为企业制定战略与决策提供更多坐标维度的隐性参考。既能对内参谋，对内凝聚，也能对外输出价值观，塑造良好的品牌形象。既是耳目，也是喉舌。

以上说了公关传播的五种段位。好的公关传播要让人感觉不到。某某公司公关传播很厉害的说法，不一定就意味着它的公关真的强。

009
对标传播与柔道战略

抓人眼球的传播都会借势，借热点、借大牌、借名人……强行发生关联，把软文转化为新闻。没办法，光吹自己是软文，借势别人才是新闻。

对企业而言，常见的策略是对标传播，为了让自己的品牌取得更好的传播效果而对标行业内知名企业，这是非常便捷的品牌推广方式。

产品对标是常用的销售策略。网购时点击某商品，滑到详情页时，常能看见“我家与某品牌对比效果”这样的图片，通过刻意选取并放大几个点来对标，很容易让消费者产生“哇，这家的产品真是比某大牌产品要强”的认知，然后下单。

其实对标无处不在。比如，小米汽车 SU7，大家叫它“保时米”；雷军做手机时大家叫他“雷布斯”，做汽车时大家叫他

“雷斯克”；对标国外时产品可以叫“中国 ××”，对标前辈时品牌可以叫“小 ××”……

对标传播

因为对标，许多企业才迅速找到了自己的位置。举几个企业早期因对标传播成功而扩大知名度的例子。

瑞幸咖啡从诞生之日起就对标星巴克，誓与星巴克一较高下。这家 2017 年 10 月 31 日成立的公司，在第二年就对星巴克展开了对标攻势，无论是疯狂拓店，还是一系列业界褒贬不一的高调宣战，都成为外界关注的焦点。尤其是 2018 年 5 月瑞幸密集的攻势。

2018 年 5 月 8 日，多家媒体报道称，2017 年年底，瑞幸开始向星巴克挖角，已挖走星巴克北京市场约 1/7 的员工。星巴克部分核心门店甚至流失近 1/4 员工，瑞幸开出的工资是星巴克的 3 倍。5 月 10 日，有报道称，星巴克全球高管在暗访北京和上海的瑞幸咖啡门店后，决定与外卖平台合作在中国推出外卖服务；星巴克要求供应商二选一，不能给瑞幸咖啡供货。5 月 15 日，瑞幸咖啡发布公开信，指控星巴克涉嫌垄断，呼吁公平竞争……

面对咄咄逼人的瑞幸，星巴克一概回复媒体称：“我们无意参与其他品牌的市场炒作。”

为什么瑞幸咖啡成立第二年就对咖啡界老大星巴克发动攻势？

一是为了融资估值。随着早期大量投资进入，瑞幸须在短期内让品牌变得家喻户晓，直逼甚至超越竞品在江湖上的名声。“我们跟星巴克一样，但比对方还……”，这样的说辞会让投资人放心投资。

二是为了快速收割竞品人气。对标行业老大，先吸引到大量关注的目光，然后再对它揭老底、撕产品、抢用户……哪怕是剑走偏锋，最后一旦挑起对方回击，无论结果成败，都算初创品牌的成功。围观群众大多会高看一眼，毕竟对阵过“老大”，合作伙伴会安心合作，用户会开心消费，这样大大节省了沟通成本，品牌知名度水涨船高。

三是为了鼓舞内部士气。一个初创品牌只要对标了强势竞品，把自己往大品牌身上一靠，立马光芒四射，员工出去跟人吹牛都会特别有面子，能够带动员工工作热忱与提高忠诚度。在对标强势竞品的同时，对公司内部的人来说，初创品牌也就自带强者光芒了。

像瑞幸咖啡这样的对标传播，业界自然是褒贬不一，尖刻者甚至冠之以“碰瓷营销”。但对瑞幸而言，与对标传播的收益相比，业界说什么可能也不重要了。

当对标已成惯例

对标行业老大，瑞幸不是唯一案例。

当年，京东曾靠对标阿里巴巴尝到过甜头，成功确立江湖地位。那时，阿里巴巴旗下的淘宝是电商行业的老大，京东选择了对攻淘宝。2011 年，京东停用支付宝支付通道，转而发展自己的支付体系，吹响了与淘宝“同台竞技”的号角。而且，京东保证 100% 原装正品，高调对标淘宝，迎来一大波平台流量迁徙。在淘宝天猫[㊀]“双 11”购物节开展得如火如荼的时候，京东“618”发展壮大，与“双 11”分庭抗礼……

这一步步对标下来，淘宝天猫电商第一平台的地位虽未动摇，但京东却从苏宁、当当、国美等众多电商平台中脱颖而出，稳坐国内电商平台第二把交椅。当然，后来崛起的拼多多以更新的手法完成对标与超越，这是另外的故事了。

简单的操作方式，却能带来无与伦比的效果，这是对标营销、对标传播的最高境界。

在手机行业，对标传播时如果不提苹果 iPhone，甚至都不能说自己是做手机的。

乐视。当年，乐视在发布手机新品之前，贾跃亭曾在微博发布《下一代移动互联网不再需要专制者——致苹果的一封信》，炮轰苹果系统封闭，站在创新、手机生态系统、90 后用户的角度对苹果大加挞伐；此后乐视借势苹果的传播策略，一直持续到贾跃亭出走美国。

小米。如今无人不知的小米，在成立之初的两年间，其创始人雷军和很多国内手机厂商高管类似，开发布会喜欢穿黑色 T 恤搭配牛仔裤。这是苹果公司前掌门人史蒂夫 · 乔布斯的经典穿

㊀ 2012 年 1 月 11 日，淘宝商城正式更名为“天猫”。

着。因此模仿之举，雷军在国内被冠以“雷布斯”的名头。这期间，在品牌形象、创始人标签及营销策略上对标苹果，无疑为小米带来了极高关注度和较快的发展速度。时至公司上市，对标依然没有停止。比如，在发布小米 8 系列手机时，雷军称产品“对标甚至超越 iPhone X”；在香港上市路演时，雷军则称“小米 = 腾讯 × 苹果”……

锤子。曾有一群拥趸的罗老师，在每次锤子手机新品发布之前，基本都会提及苹果。在 2018 年 5 月 15 日锤子科技鸟巢新品发布会之前，就粉丝称苹果三件套（Mac+iPad+iPhone）很好用，罗永浩在微博上回复表示：“5 月 15 号之后，苹果三件套会成为历史上最好的方案（深切缅怀老乔）。接下来，如果没有意外，失去了灵魂的苹果会疯狂地抄袭我们……窃以为。”

…………

这样的例子可以一直举下去。近年来企业间的公关战及口水战，大半因“对标”而起。采用对标传播和对标营销的策略能够带来显而易见的收益——

利用行业领导者的声誉，通过对比提升自身的品牌知名度；

聚焦执行方向，激发员工士气，向外界传达挑战行业领导者的决心和展现快速响应的能力；

明确双方的差异，吸引寻求不同解决方案的目标客户群体。

说到底，通过对标获得关注不是目的，挖掘适合自己企业特色的卖点，完成从“名”向“利”的转化，才是真正的好策略。

对标传播的好处不止以上种种，它能帮助企业在找到坐标与参照系的同时，向外界勾勒出一条清晰而光明的发展之路——新公司在发展初期及融资时，往往都会拿行业第一的企业作为参照系和对标对象。

比如，优酷当初通过向投资者讲自己是 Hulu+Netflix 做到了 YouTube 的规模，小米曾称自己是“腾讯 × 苹果”，百度曾对标谷歌，SOHO 中国的 SOHO 3Q 则对标美国的 Wework，美团曾对标美国的 Groupon，大众点评曾对标美国的 Yelp，饿了么曾对标美国的 GrubHub，微博曾对标推特，豆瓣电影曾对标 IMDb，知乎曾对标 Quora，淘宝曾对标 eBay……

这种对标如果超出融资范畴，在传播层面持续外溢，就会形成“对标传播效应”。

不是所有对标都有效

门槛不高的产品可以选择对标传播，有一定门槛的产品则尽量不要用；对标传播短期可以，长期不行。

国内许多互联网公司，深受早年互联网发展初期“眼球经济”的对标传播思路影响，往往都习惯甚至喜欢用公关传播驱动的策略。当然，有些则纯粹是因为经费有限，不得不采用低成本的公关传播手段，制造公关事件，借助事件营销或话题营销，直接近身缠斗排名第一的品牌，以期引起关注。

但不是所有企业都可以用这样的公关传播方法。

简单来看，对用户而言购买或使用门槛低的产品可以用“对标传播”的方法。

比如，360 的大部分核心产品对个人用户都是免费的，只要用户关注到，就可以下载一个使用，不好用可以卸载，这没什么使用门槛，关键是用户要关注到。所以，360 就可以用制造关注的方式吸引用户。

比如，瑞幸咖啡的购买门槛不高，早期一杯也就几块钱，那它可以尝试与星巴克对标传播的方式。

比如，小米手机尤其是红米手机，与苹果手机相比价格优势大，用户做出购买选择并不困难（高于 2000 元的手机，在网上就是门槛），所以，它也可以尝试对标传播。

不同的产品，有不同的门槛线，这条线并不难理解，也不难分辨出来。

但如果不是低门槛的产品，比如，要做每台 3000 元以上的手机、每杯 30 元以上的咖啡，这时候就要放弃对标传播，放弃对标对象，打造自己的品牌和独特概念，建立自己的品牌调性了。

所以我们说，对标传播短期可以，长期不行。

同好互认，良性互撕

对标传播对行业第一的品牌来说并不都是坏事，要一分为二地看。

在中国互联网圈，新公司要上位，和行业老大“对标传播”

几乎成了惯例，而这又让行业老大和有些业内人不屑甚至不齿。有人称这样的对标传播是“碰瓷”，甚至是“戏精”“自嗨”……

而行业老大一贯的态度是不屑、不回应、不配合。

消费者和行业老大（以及同情行业老大的舆论专家）对有些事情的看法未必一致。比如瑞幸咖啡，业内专家可能对它对星巴克死缠烂打感到不屑，但消费者知道了它是做咖啡的，知道了它可以和星巴克一较高下，对瑞幸咖啡不会有不好的印象。

在这样的情境下，其实行业老大对新出现的竞争者，也应该有一定的心理准备和心理承受力。

尤其是这样的对标对行业老大而言不全是坏事，它在一定程度上强化了老大的市场地位。

在海外市场，麦当劳和汉堡王互怼 60 年贡献了不少经典广告，如麦当劳叔叔乔装去汉堡王偷偷买汉堡，小男孩用汉堡王的包装袋掩护麦当劳食物，躲过了其他人抢自己的饭等，你来我往，见招拆招，至今仍为人们所津津乐道，也成为竞品对标传播的经典案例。看热闹的人越多，双方吸引的关注就越多。

在国内，这种对标传播有了更本土化的版本，传播点更多、更快、更高频，更易模仿和二次产出，也有了更强的互动性，通过一种轻度的“同好互认”和“良性互撕”，带来持续的关注和热度。

有个段子说：苹果 PK 三星，诺基亚消失了；王老吉 PK 加多宝，和其正消失了；可口可乐 PK 百事可乐，非常可乐消失了……无人提及的品牌上演着寂寞的独角戏。在对标传播中被回避和被忽略的品牌，有可能被用户遗忘。

所以，当年360搜索推出后，爆发了360与百度的“3B大战”，搜狗当时是着急的，所以王小川尽管再纠结，也还是想参与到“3B”大战之中。

对行业来说，竞争始终存在，“对家”不可避免。卷到出圈，给品牌赚流量，给消费者贡献点社交素材，有时也不失为一种玩法。

不过，梗再好玩，最后消费者最在意的还是产品本身。能受到各自受众群体的关注和喜爱，还是因为品牌有过硬的产品，如此品牌才能在“打打闹闹”中持续获得好感。

当然，对标传播中非常重要的一点是聚焦产品。要创造价值，不要消灭价值。这条底线是需要注意的。

对标营销的三个策略

对标传播与对标营销都是技术活，不是硬贴上去。对于对标双方中的弱势品牌，如果点子不够有趣，就完全吸引不了公众的注意，只能是尴尬自嗨。对标营销有三个基本策略。

1. 制造实力相当的感觉

任何两个品牌，总有一个强，一个弱。如果双方实力相差无几，对标营销就相对较简单，不需要做什么，只需要掌握创意的度，就会有话题。正如百事可乐的品牌总监所说：没有什么比两个同样级别的品牌放在一起更吸引眼球的了。当双方实力明显不对等时，不要让消费者觉得你很弱，一定要想方设法为消费者制造实力相当的感觉，让他们觉得你有一战之力。

现在提起西式快餐，大家想到的不是肯德基就是麦当劳。那如果把西式快餐聚焦到汉堡，很多人首先想到的就是汉堡王，这是它营销的成功之处。汉堡王有长达60年的对标麦当劳的营销经历，虽然事实上，汉堡王的实力远远不如麦当劳，但其颇具创意的“碰瓷式营销”因为脑洞大开，常常受到消费者夸赞。汉堡王的营销策略就是不和对手比品牌力和在快餐行业的影响力，而是聚焦汉堡这个单品，只比汉堡这一个品类，通过持续不断的营销强化，逐渐让消费者相信在汉堡这个单品上，汉堡王可以比肩麦当劳，甚至更好。用互联网话术来说，这就是在汉堡细分领域，汉堡王一直在做大做强，再创辉煌。

还有京东与天猫的恩怨情仇，网易云音乐与QQ音乐的对簿公堂……但凡是能够在市场中有记录的对标营销，大多遵循着“实力相当”这一准则。

2. 用事实说话，用长板去碰对手的短板

对标营销绝不是虚假宣传，更不是无端生事，需要遵循“用事实说话，用长板去碰对手短板”的原则。

在没有被滴滴合并之前，当年的Uber（指优步中国）可以说是打车界的网红。神州专车为了拓展自己的业务量，将目光投向了网约车不规范的问题，推出一系列海报，强调神州专车安全舒适，这就是用长板去碰对手短板的策略。神州专车的“公益海报”共邀请了九人拍摄，包括演员、模特、驾驶教官、律师、运动员等，每人面对镜头手持一个小牌子，牌子上面有个大大的“U”字，“U”字的背景是一道禁止红杠，类似于交通禁行标志。海报上分别写着这样的标语：“家里的十个好叔叔，也斗不过车里的一个怪蜀黎（黍）[㊀]。不心存侥幸，就不会身处险境！”“我爱第一，我怕万一。怕家人受伤害，怕隐私被买卖。切记！你的电话要保密。”……虽然海报对竞争对手暗示得非常明显，但没有直接点名。新华网随即发稿《神州专车炮轰Uber引爆专车大战》，称神州专车“直接把战火引向Uber，司机骚扰、个人隐私泄露、投诉困难、理赔无门等安全痛点被逐一放大”。

汉堡王采用同样的策略，用它最擅长的汉堡去和麦当劳的汉堡PK，营销期间更是牢牢抓住“火烤大汉堡”的核心利益点，去抨击麦当劳的汉堡不如自己的好吃，个头也没自己的大。

这种对标营销的策略通常更有效，因为戳到了对手的痛处，让对手没法就这一具体的点进行有力反驳，只能进行反击，而反击就代表对标成功了。

3. 要么别动，动就动行业第一

只须记住：品牌越大，关注度就越高；品牌越大，话题就越多；品牌越大，弱点就越多；品牌越大，黑粉就越多。如此对标，成功的概率就更大。

㊀ 神州专车的海报上误将“黍”打成“黎”。

以弱胜强的柔道战略

提到以弱对强的竞争，不得不提柔道战略。哈佛商学院教授大卫·B. 尤费将柔道的取胜之道引入商业竞争，并提出了一整套帮助弱小企业打败强大对手的柔道战略。在柔道比赛中获胜的三个关键原则：一是使用移动的办法破坏对手平衡，打乱对手脚步；二是在攻击时保持自己的平衡；三是利用杠杆加强自己的力量。

移动原则。可以想象一下，当有一个比你体重大一倍的人跟你较量时，你是等着他过来打你，还是你先移动起来？答案显而易见。具体应该怎么实施？尤费教授提到一个策略叫小狗策略，弱势一方的第一任务是免遭淘汰，故应在对手眼皮下学小狗卖乖，赢得时间壮大自己。

蒙牛发展初期的“二牌战略”是一个经典案例。蒙牛刚创办的时候，在众多乳业企业中名不见经传，伊利则是全国乳业的龙头老大。蒙牛意识到，挑战者的姿态可能占不到便宜，于是修改广告语为：“向伊利学习，为民族工业争气，争创内蒙古乳业第二品牌。”有伏低做小的姿态，老大哥出拳时也得掂量一下是不是用力过猛。更重要的是，大家当时都知道中国乳业第一品牌的位置是伊利的，却没有人知道第二品牌是谁。蒙牛的“二牌战略”，让它一下子跃过众多竞争对手，和老大哥成为一个梯队。

这是蒙牛品牌营销的厉害之处，在强大的对手面前，放下挑战者姿态，巧妙地将对手的力量转化成自己的优势，展现出以柔克刚的智慧。

小米在发布汽车之前，从南到北，从线上到线下打出“向中国新能源汽车行业先行者致敬！向比亚迪、蔚来、小鹏、理想、华为和宁德时代等公司致敬！”的系列广告，通过示弱而彰显存在，博得巨大关注与声势，也是一种“移动原则”。

平衡原则。我们看柔道比赛，什么选手容易被摔倒？是自己的平衡被对方破坏的选手。这跟有多大力气和体重有多大没有太多关系。尤费举了一个非常精彩的例子：实力强大的宝洁准备把名不见经传的Drypers公司赶出纸尿裤市场，如果正面竞争，Drypers肯定不是宝洁的对手，因此该公司巧妙运用了平衡原则。当宝洁向得克萨斯州消费者发放大量优惠券时，Drypers公司宣布消费者可以用宝洁的优惠券来购买Drypers的纸尿裤。结果当然是，宝洁发出的优惠券越多，Drypers公司卖出的产品就越多。

杠杆原则。它的本质就是四两拨千斤，这个原则的根本点是借力打力，找到一个支点，用这个支点去对抗或者攻击竞争对手。尤费提出了三种杠杆借力的战术：“利用对手的资产”“利用对手的合作伙伴”“利用对手的竞争对手”。所有这些战术都可以帮助弱小企业把对手的优势变成自己的优势，从而打败强大的对手。

拼多多当初之所以能够迅速崛起，其核心密码在于其打破了传统电商搜索式的购物模式。拼多多通过将腾讯前端的产品思维、游戏思维和阿里巴巴后端的强运营思维相结合，用社交电商模式，成功把网购和微信等社交媒体紧密结合起来。并且，拥抱微信，拥抱小程序，可以说是拼多多在与淘宝、京东等电商平台的抗衡中做得最正确、最能借力使力的选择。

对标营销与对标传播，要求操盘者像柔道战略家一样思考，从其他人认为是长处的地方，找出潜在弱点；从其他人认为是威胁的地方，找出潜在机会，最终成为不按套路出牌的狠角色。

010

“内部信”的外部传播效应

美国最初制裁华为时，华为海思的何庭波因为一封内部信火了。在这封内部信里，针对美国商务部工业和安全局（BIS）把华为列入“实体名单”，何庭波写道，华为多年前已经做出过极限生存的假设，预计有一天，所有美国的先进芯片和技术将不可获得，而华为仍将持续为客户服务，所有华为曾经打造的“备胎”一夜之间将全部“转正”。

这封“内部信”在朋友圈刷屏，被各大媒体纷纷转载，获得外界一片好评，是华为那段时间对外声音传递的佳作之一。

当拼多多的市值在2023年先后超越京东、逼近阿里巴巴时，马云、刘强东先后借内网回复员工帖子之机稳定军心，对外传递态度。

2023年11月28日晚间，拼多多发布其2023年Q3财报，数据显示其市值快速逼近阿里巴巴。资本市场及阿里巴巴内网有不少人发帖感叹这一行业变化。有阿里巴巴员工在内网发帖表示："此刻难眠，也不敢想……那个看不起眼的'砍一刀'，快成老大哥了。"马云以"合伙人"身份在内网回应："我相信今天的阿里人都在看都在听，我更坚信阿里会变，阿里会改。所有伟大的公司都诞生在冬天里。AI电商时代刚刚开始，对谁都是机会，也是挑战。要祝贺pdd（拼多多）过去几年的决策、执行和努力。谁都牛过，但能为了明天后天牛而改革的人，并且愿意付出任何代价和牺牲的组织才令人尊重。"

2023年12月9日晚，京东创始人刘强东在公司内网回复员工评论："相信我们一定会走出低谷。任何一个人任何一家公司都会经历若干个顶峰和低谷才能成就伟大。""我觉得这位兄弟说得实在太好了。可以说句句点到了公司痛点，都是现实存在的问题，而且必须改变。否则我们没有出路。我们天天说客户为先，可是工作中处处以自己为中心进行思考！我们经常说战斗战斗只做第一，却处处防守，从不想着如何主动出击！很多人天天说创新，却每天就是抄袭跟随别人。"此前一位京东运营人员在内网发长文，谈到京东存在的一些问题，如促销机制复杂，低价心智需要贯彻到底等。刘强东的回复，对内对外展示了京东变革的决心。

不拘一格的内部信

细想想，这些年我们看过的内部信（内部讲话、内部帖子），几乎囊括了所有知名企业和企业家，任正非、李彦宏、柳传志、马云、马化腾、周鸿祎……不用奇怪，这些内部信的一部分价值，是对外沟通。

内部信与朋友圈截图、群聊消息、照片 / 视频流出，是社交媒体时代的“公关传播新套餐”。只不过，内部信因更能完整反映一个公司的立场和理念而备受青睐。

这其中，内部信写得最有声色的，阿里巴巴算一个。每当阿里巴巴有重要事项宣布时，都会发一封内部信。从 2015 年 5 月张勇担任 CEO，到 2023 年他宣布卸任最高职位，8 年间马云、张勇等高管发了 43 封内部信，内容涉及组织变革、业务拓展、人员变迁等。

除了内部信，当然还有公开信、写给资本市场的信，这些 CEO 的直接投送，让传播无折损抵达受众。

360 公司 CEO 周鸿祎在几次关键时刻发布的内部信，也带来了非常出色的沟通效果。如 2010 年 11 月 6 日“3Q 大战”期间发出的《不得不说的话》，11 月 15 日发出的《与其苟且活着，不如奋起抗争》，两封信在关键时刻稳住甚至扭转了战局，赢得了最广泛的年轻创业者与广大用户的支持。360 公司决定做手机时，周鸿祎于 2014 年 12 月 24 日发出的《带上 AK47，跟我到南方做手机去》，让业界和用户对 360 手机充满期待；360 公司决定全面拥抱大模型时代后，周鸿祎 2023 年 4 月 21 日发出了《360 人工智能总动员》……

想想确实是，比起媒体专访等老套的传播手段，还是内部信表达的意思完整。有些公司的对外传播做得更细致，为了免遭曲解，其内部信许多时候以图片形式传播。

内部信变身公开信，与如今的新媒体时代密不可分。

如今对外发布、转发的便捷性，让内部信不再“内部”。此外，对越来越多的互联网企业而言，“内部信”本来就是写给外部的，这样一来，内部信的内部性进一步被压缩，外部性进一步彰显。

当然，内部信依然有其对内沟通的一面，依然是穿透行政层级、避免内部信息因层层传递而效力减弱、保持统一认知、有效与每位员工沟通的快速通道。许多企业依然本着对内沟通的需要，在企业周年庆、上市融资并购、人事和组织架构变化、重要事项发生等时间节点，由 CEO 或其他高管发布内部信。

乐信公司 CEO 肖文杰，每年 10 月 20 日司庆日和除夕晚上，都会发一封内部信，与全员沟通自己的所思所想，确保上下一心、力出一孔。2023 年 10 月 20 日，乐信成立 10 周年当天，肖文杰的内部信是《新 10 年，让相信继续》；2017 年 12 月 21 日，乐信登陆纳斯达克当晚，肖文杰发出的内部信是《新舞台，新机会》；2020 年乐信用户过 1 亿当天，肖文杰发出《一起见证，重新出发——写在用户过 1 亿之际》……

当然，即使那些本意真是对内沟通的内部信，比如人员调整与人事任免信息，也依然会有被转到外部的可能，并且可能持续引发解读、热议。这样的例子不胜枚举，如马云 2018 年 9 月 10 号宣布，自己 1 年后不再担任董事局主席，回归教育事业的内部信，以及阿里巴巴每一次组织架构、人员调整的内部信。

内部信须充分考虑外部性

有必要强调，如果单纯把内部信理解为对内沟通，有时候就容易导致失去外部视角审视，不去考虑外部观感，从而酿成内部信外传后，引发舆论负面评价的后果。私下开会可以简单直接，而兼具内外部沟通效果的内部信，要求则高得多。

这方面有失败的案例可作为借鉴。2016 年 11 月，乐视创始人贾跃亭在乐视成立 12 周年之际发出内部信，信中反思乐视生态战略高速发展的第一阶段中的一些问题，尤其是资金链紧张的问题。自贾跃亭发出内部信后，乐视裁人和资金链断裂的传闻不绝于耳。现在看，内部信在一定程度上加速让乐视走向崩盘。

为什么一封内部信会引发危机？其实我们回过头来看这封内部信就能发现，本该在内部流通的信息，实际上承担了对外传播的功能，结果授人以柄。企业真的愿意把自己的短板和不足公之于众，动摇外界对企业信任的根基吗？是不是只把内部信当内部信了？

比起一些失败的例子，成功的例子比比皆是。我在前文也说过，360 和阿里巴巴、华为对内部信的运用最娴熟，取得的传播效果也最好。

在时间点上，企业要能够在每次公关危机及企业成为舆论焦点时，抓住危机公关的时间窗口，通过一封内部信轻松化解，并适时展现创始人的个人魅力。

要强调的是，内部信需要雕琢。“言之无文，行而不远”，如果重要传播中连一句让人记住的文案都没有，那这个传播就是失败的。

比如，马云、任正非、周鸿祎的许多金句，就是从内部信中产生，进而被大众所熟知的。如马云在内部信中说：“把握未来的最佳方法不是留住昨天或争取保持今天，而是开创未来。”“改变是痛苦的，但不改变会更加痛苦。人们总是为失败找借口，不为成功找方向。”周鸿祎在内部信中说：“像我这么倔强的人，总归会回来的。”“让我们面对现实，让我们忠于理想！”任正非说：“华为不需要思想家，需要解决问题的专家。公司只能给你位子，不能给你威望，威望需要你从实干中来。”“惶恐才能生存，偏执才能成功。”……

回到华为的例子，任正非的系列内部信与文章，在华为尚未像今天这般备受瞩目之时，就流传甚广。如《一江春水向东流》《华为的冬天》《北国之春》等，任正非与华为就是靠着这一系列充满人格魅力、流传深远的文章，圈粉无数。

总结来看，内部信其实很难概括出一个标准范式或模板，时机得当、态度真诚、注重外部性，确实只可意会难以言传。无论如何，内部信确实是企业对外沟通的大杀器。

011

新媒体时代：病毒传播、P 图与段子

一张 PS 过的图片、几个段子，可能让新品哑火，让公司损失几百亿元市值，甚至“内伤不治，标签永存”。

先看理想 MEGA 的例子。

主打“公路高铁”概念的理想 MEGA，车头像高铁子弹头，车身看上去也很酷，有未来感和科技感。但新车上市后，网上被人 P 图，各种段子四散，导致销售遇冷——有消息称，上市 72 小时，该款车型的大定数量约 3218 辆，而退订量约 10 297 辆。受销量未达预期影响，理想汽车股价“跳水”，短短几天，理想汽车港股市值蒸发约 500 亿港元，美股也跌没了约 600 亿人民币。销量、股价遭双重打击，显然，理想汽车损失不小。

真正的杀伤力

一张图片，几个段子，怎么就有这么大的威力？要知道，新

媒体时代，图片、段子在微信传播生态的裂变效率是最高的，包括聊天截屏、图片格式小作文、朋友圈发言……

凡是容易在微信转发的素材，都可能会被大肆传播，尤其是直观的信息，如图片、段子。并且，一旦看过后，人的脑子里就留下了印记，心里被种了颗种子。图片、段子不像传统报道，可以删除，可以辟谣；社交媒体里的图片、段子，你删不尽，辟（辟谣）不完，就算你使尽浑身解数，也挡不住别人在脑子里持续联想。像我们网购时常说的种草、拔草一样，有时候某个东西一旦种下，一想到就会心痒痒；不同之处是留下的印象拔不掉，脑子里像被打上“钢印”，心智被染，很难破。

图片、段子已经成了新媒体时代最强有力的传播武器，成了公关团队最常用的传播手段，因为图片、段子带有搞笑（恶搞）属性，直观，容易一键转发，天然具备自传播属性，最关键的是，它们还无法从源头删除，因为它们不是一个链接。此外，段子还有极强的隐蔽性，即无法溯源，也无法统计传播量，因为素材传播是在微信私域里进行的。

对企业而言，做品牌、做传播，就是贴标签、撕标签，贴上好的，撕下坏的。贴上去不易，撕下来更难，因为好事一般不主动传播，坏事才可能传千里。用户很难记住一个品牌的所有样子，只能记住一个词、一个句子、一个事件、一个符号、一张图片……因此企业在打造品牌、进行攻防时，要着重在上述关键点上发力，让用户产生与品牌定位相关的深刻记忆。

再次强调，在新媒体时代，“大杀器”主要就是图片和段子，还有切片传播的短视频。

讲两个多年前公关战中以图片、段子成功引导舆论的例子。

2015 年“双 11”之前，京东发布公告称，近日不断接到商家信息，反映阿里巴巴在“双 11”促销活动中胁迫商家“二选一”，这种行为妨碍了正常的市场竞争，严重损害了消费者利益，已就此向国家工商行政管理总局（2018 年机构调整为国家市场监督管理总局）实名举报阿里巴巴扰乱电子商务市场秩序。

针对京东举报，天猫方面称，京东的实名举报是“鸡举报了鸭，说鸭垄断了湖面”。

其实阿里巴巴方面的发言回复还讲了很多，但就属颇具新媒体传播精髓的这句“鸡举报了鸭，说鸭垄断了湖面”流传最广，很多媒体把这个回应放进了标题，在微信渠道传播，最大程度地曝光了阿里巴巴一方的声音。

一击必杀语

新媒体时代，确实要有适合新媒体时代的传播应对。

斯科特·亚当斯在特朗普当选之后，写了一本《以大致胜》，这本书的副标题很长：怎样在这个事实根本不重要的世界里使用说服术。亚当斯是呆伯特系列漫画的作者，作品在欧美广泛流行。书中观点独到：当下时代影响他人的关键，不是用理性去说服理性，而是用你的理性去影响他人的非理性。他罗列的众多说服技巧中有一个叫“一击必杀语”，指说服力极强的一个绰号或一组简短词语，使用它可以立即结束争论，达到说服目的。

书中讲到，特朗普竞选团队给民主党候选人取绰号，使用的是在政治竞选中不常见的词语，例如“低能量”“骗子”“说谎”等，出乎人们意料，又令人难忘。通过给对手取绰号、贴标签，助推社会偏见。书中提到，父亲当过总统、哥哥也当过总统的杰布·布什被贴上了“低能量杰布”的标签，亚当斯说，他听到这个绰号，就知道杰布·布什的竞选之路到头了。“杰布·布什确实显得精力不足。在被刻意指出之前，所有人好像都没有意识到这一点。正是说服大师告诉我们要观察这一点，我们才产生了这样的偏见。”

在这本剖析特朗普是怎么使用说服力当选美国总统，拆解最高级别说服力之原理和技术的书中，作者把说服力分为三个等级。

武器级。达到这个等级的人非常少，大家熟知的“懂王”特朗普就属于这一级，他的魔性舞蹈、看似无厘头的言论（如注射消毒液以杀死体内病毒）都是经过团队精心包装后对外传播的。

科学级。这一等级的代表人物是认知科学家，他们对人脑有非常深刻的理解，能从专业角度来说服人。

商业级。从事市场营销、品牌营销、危机公关等工作的专业人士，拥有的都是商业级说服力，他们通过系统支持、技巧、文案、媒体资源等，对外传递企业影响力。

抛开科学级不说，武器级和商业级有什么区别呢？

武器级说服力是这样的：既要受众喜欢我，又要受众不喜欢我的对手，还要受众听我指挥。

商业级说服力是这样的：受众喜欢我就行。

对武器级选手来说，首先关注的是把注意力吸引过来，这个注意力是好是坏并不重要，甚至是批评也没关系——你们还在批评我这个错误的时候，我已经又犯了下一个错误。或者，干脆形成可以混淆视听的“现实扭曲力场”。

斯科特·亚当斯说，人心比事实重要。说服力是摆弄人心的学问。说服，就是我做这件事并不是为了改变世界，而是为了改变世人的看法。在亚当斯看来，诉诸非理性的大众沟通更有影响力。

比如，宣扬垃圾回收有利于保护地球，这种诉诸理性的做法，效果往往一般。但如果营造社交压力，引导社会舆论形成人人讨论垃圾回收的氛围，这时人们会很愿意配合垃圾回收。而且，他们还不易察觉这种压力，只把自己的行为解释成保护环境。

亚当斯在书中列举了很多“武器”，比如：先同步再引导，以情感调动渴望，奠定基调，注意力引导，视觉想象，简洁，关键词与贴标签，对比、关联和参考，抢占制高点。有的很实用，比如先同步再引导，作者建议面对质疑指责，先和公众取得感情同步，紧接着引导公众往前走一步；以情感调动渴望，真正的说服，都要诉诸感情，最有效的一种感情就是人们心中的某个渴望，人们心中有这么一个渴望，而你利用这个渴望去说服他们。

定义叙事，而非被叙事定义

《社会性动物》的作者埃利奥特·阿伦森，应该是全世界最有名的社会心理学家之一。他在与人合著的《认知操纵：宣传如何影响我们的思想和行为》里写道："描述一个物体和呈现一种行为的方式，都会引导我们的想法，框定我们对信息的认知反应。借助我们用以描述一个物体或事件的标签，我们可以给事物下一个定义，信息的接收者接受我们对情况的定义，从而在我们真正开始论证之前，他们就已被预劝导。"

当年"3Q 大战"进入司法战阶段时，360 公司争的媒体标题是"反垄断第一案"，腾讯争的媒体标题是"反不正当竞争第一案"，不用讲，凡是起前一个标题的媒体，隐含的立场是同情 360，而用后一个标题的媒体，无疑更支持腾讯。

当年视频网站激烈竞争时，我在优酷负责品牌传播，那段时间优酷最主要的竞争对手是土豆网（优酷与土豆 2012 年合并），我们最在意的，是媒体在文章中提及两家网站时，是优酷、土豆，还是土豆、优酷，如果把土豆放在前面，我们会一一打电话去纠正。包括后来优酷与土豆发生冲突，我们也会注意与媒体沟通，要写优土大战，不要写土优（2U）大战。

就像阿伦森所说，你用来描述一个事物的标签，或对一个事物的定义，在传播出去的那一刻就已经被定型了。

可以借鉴的说服技巧

除了贴标签，还有许多技巧可以使人容易被说服。

利用锚定效应。锚定效应是指人们在做出决策或判断时，会过度依赖最初获得的信息（称为“锚”）。这会导致决策结果偏向最初的信息，即使这个信息与实际情况可能不符。商家常常会利用锚定效应，通过标高价格后再打折的方式，使消费者误以为以折扣价购买是一个更优惠的交易。

利用消除模糊策略。在和别人沟通的时候，如果我们给别人的问题是一个开放性问题，如：今天晚上吃什么？那大概率会得到的答案是：随便。只有给别人明确的两个选择，才能引导别人进入我们话术的“陷阱”，例如：今天晚上吃火锅还是吃烤肉？很多聪明的父母通常不会生硬地命令孩子洗澡，而是让他们选择——“是用盆浴还是淋浴？”。

利用登门槛效应。登门槛效应也被称为得寸进尺效应，作为一种常见的心理现象，它指一个人如果先接受了一个小要求，为了避免认知上的不协调或为了给他人留下前后一致的印象，可能会接受更大的要求。比如，如果你是一名公益工作者，如何让某个小区的捐款额增加呢？答案很简单，先找小区里的每个人签署一份“公益事业，有你有我”的倡议书，然后过两天再找他们号召捐款。有实验结果显示，这样做捐款的金额增加了 82%。

利用相似性。人们都喜欢和自己相似的人。例如两个陌生男人可能因为游戏聊到一起，两个陌生女人可能因为一件衣服或孩子聊到一起，想要证明相似其实很简单，简单的一句“我也一样”就能拉近距离。让自己和被说服者显得相似，是说服中一个重要的技巧。

利用嫁接法。说服有一种最简单的形式，就是用不同的方式将一幅图像或一个设想与另一些事物相关联，并将前者的好坏嫁接到后者身上。

4I 原则

再由说服说回社交媒体时代的传播。好的传播，就是利用公众的积极性和人际网络，让营销信息像病毒一样传播和扩散，深入人心，快速复制，迅速传播，在短时间内传向更多的受众。这一讲开篇所说的图片和段子，就是最简便有效的传播素材。

整合营销领域有个 4I 原则，它最初由美国西北大学市场营销学教授唐·舒尔茨提出，以下是 4I 的含义。

趣味（interesting）。互联网带有娱乐属性，在互联网这个“娱乐圈”中混，广告、营销必须是娱乐化、趣味性的。

利益（interests）。将自己作为一个消费者，设身处地地扪心自问：“我为什么要参加这个营销活动？”切实的好处包括，薅到了羊毛，获得了信息，体验了功能或服务，满足了心理需求等。

互动（interaction）。互动才能聚集人气，把用户作为一个主体，发起其与品牌之间的平等互动交流，可以为营销带来独特的竞争优势。

个性（individuality）。相比于烂大街，专属、个性显然更容易俘获消费者的心。因为个性，所以诱人。

在社交媒体时代的整合营销传播中，运用4I原则的核心在于以消费者为中心，将品牌信息转化为可互动、有价值、有个性的娱乐化体验。肯德基的"疯狂星期四"营销活动堪称4I原则在社交媒体时代的经典实践，它基于与消费者的娱乐化互动，成功将促销活动转化为全民参与的社交狂欢。"疯狂星期四文学"的爆发式传播首先源于"趣味"和"互动"，品牌没有采用传统打折广告，而是将"利益"信息（优惠信息）植入各种荒诞幽默、极具"个性"的文案中，文案中的各种离奇剧情最终反转成"今天是肯德基疯狂星期四，谁请我吃？"。

这种网友参与创作的内容自带娱乐和互动基因，消费者不仅不反感，还带动了更多消费者参与创作转发。

012
传播与宣传的共识与差异

传播，是在两个相互独立的系统之间，利用一定媒介和途径进行的有目的的信息传递，整个过程是一种信息分享，双方都能在传递、交流、反馈中分享信息，在双方信息沟通的基础上取得理解、达成共识。

宣传，是一种专门为了服务特定议题的信息表现手法，是一种单向的心理诱导、行为影响和舆论控制方式。宣传具有激励、鼓舞、劝说、诱导、批判等多种功能，其基本功能是劝服，即通过多种内容和形式，阐明某种观点，使人们相信并跟着行动。

宣传是以我为主，我说你听；传播是以你容易接受的方式说。新媒体时代，传播路径由单向度变为多向度，无互动、不传播，不仅要看“说什么”，更要关注“怎么说”，不仅要让受众“听得到”，更要“听得进”。

宣传是政治性的，传播是技术性的。

宣传不是传播，传播不能太直白。

重复的力量

有个和传播学与心理学相关的名词，叫戈培尔效应，又叫真相错觉效应、重复成真效应，来自二战时期的纳粹德国国民教育与宣传部部长约瑟夫·戈培尔。他有句臭名昭著的名言——“谎言重复千遍未必成为真理，但谎言若不被揭穿，民众就会把它当作真理”。

与此相关，他还有几句臭名昭著的论断为人熟知，如：

“宣传是一个组织的先锋，宣传永远只是达到目的的手段。

“宣传如同谈恋爱，可以做出任何空头许诺。

“人民大多数比我们想象的要蒙昧得多，所以宣传的本质就是坚持简单和重复。

“我们的宣传对象是普通老百姓，故而宣传的论点要粗犷、清晰和有力。

“宣传的基本原则就是不断重复有效论点，谎言要一再传播并装扮得令人相信。

“群众对抽象的思想只有一知半解，所以他们的反应较多地表现在情感领域。情感宣传需要摆脱科学和真相的束缚。”

重复产生力量或奇迹，这不难理解。

《战国策·魏策二》中有这样一个故事：战国时期，魏国大臣庞葱要陪同太子前往赵国做质子，出发前他对魏王说："如今有一个人说集市上出现了老虎，大王相信吗？"魏王答："我不相信。"庞葱又问："如果有两个人说集市上出现了老虎，大王相信吗？"魏王说："我会有些怀疑。"庞葱接着说："如果有第三个人说集市上出现了老虎，大王相信吗？"魏王答："我会相信。"庞葱说："很明显，集市上根本不会出现老虎，可是经过三个人传播，集市上好像就真有了老虎。如今赵国都城邯郸和魏国都城大梁的距离，要比王宫离集市的距离远很多，对我有非议的人又不止三个，还望大王可以明察秋毫啊。"魏王说："这个我心里有数，你就放心去吧。"果然，庞葱刚陪着太子离开，就有人在魏王面前诬陷他。刚开始时，魏王还会为庞葱辩解，诬陷的人多了，魏王最终信以为真。等庞葱和太子回国后，魏王再也没有召见过他。

一国之君，也难免被重复的力量扰了心智，这就是三人成虎。谣言重复多次，就可能使人信以为真。

戈培尔效应的心理学基础在于心理累积暗示，当人们不断接收到同一信息时，他们会逐渐相信信息是真的，即使信息可能是虚构的。

这符合心理学中的暗示效应，即在无对抗条件下，用含蓄间接的方法向受众提供信息并对其心理和行为产生影响，使其潜移默化地接受某种观点，按照某种方式去行动，从而达到操纵者期望达到的效果。暗示效应有两个特点：一是在无对抗条件下，让受众在不知不觉中接受暗示；二是这种暗示比较隐蔽，只是一种提示，目的是引起受众的行为变化。

反复播放的商业广告，就是利用暗示向消费者展开攻势，先改变认知，再改变行为。

《战国策·秦策》还载有一个故事。

曾子，名参，字子舆，孔子的弟子，被后世尊称为“宗圣”。曾子住在费邑（今山东费县）时，那里有一个和他同姓同名的人，也叫曾参。有一天，那个曾参杀了人，犯了案。人们误传，以为是曾子杀了人。有人赶紧去告诉曾子的母亲。曾母正在织布，听了这个消息，毫不在意地说：“没有的事，我的儿子不会杀人。”过了一会儿，又有人慌忙来说，曾子闯下大祸了。曾母还是不信，依旧织她的布。又过了一会儿，第三个人跑来，讲了同样的消息。这时，她不由得惊恐起来，扔下梭子，爬墙而逃。

再三传播，有时不免使人信以为真，即使信息的主角是曾子那样的贤人，即便信息的接收者是曾子自己的母亲。

日常生活中，重复能创造一种事实感，让信息快速进入意识，留下深刻印象。

曝光效应

美国社会心理学家罗伯特·扎荣茨做过一个实验。

他准备了一沓人物照片让参加实验的人观看，且照片上的人和参加实验的人互相不认识。观看过程中，实验人员使一些照片出现的次数多、一些照片出现的次数少。观看后，参加实验的人需要对照片进行点评。结果表明，出现频率越高的照片，被喜欢的程度也越高。

扎荣茨通过一系列实验证明了其中的心理学原理——曝光效应，也叫多看效应、单因接触效应，即人们会对看得更多、接触得更多的事物产生好感和偏爱。

其他心理学家也做过相似的实验。实验人员给大学生发了几种不同口味的饮料，让他们以互相品尝饮料为由，在不同宿舍间走动。一段时间之后评估他们之间相互熟悉和喜欢的程度，结果显示，见面次数越多，他们彼此之间就会越喜欢对方；也就是说，互相喜欢的程度与见面次数正相关。

需要注意的是，曝光效应只能用于人们认为中性或积极的刺激。如果曝光令人不快，可能适得其反，加深负面看法。一开始就让人感到厌恶的事物，无法产生曝光效应。即使是中性或积极的曝光刺激，其中相对更有趣的、注意曝光频次节奏的曝光效果会更好，简单乏味的曝光效果会更差；曝光时间越长，曝光效应越弱。

在广告传播领域，研究表明，当公司或产品较新颖、消费者不熟悉时，曝光最可能有促进作用。

总结一下，运用曝光效应时，有以下两点注意事项。

1）曝光效应的前提是，事物首次出现时没有给人带来极大的厌恶感，否则熟悉度增加不会导致好感度的提升。如果你喜欢的一个女孩，她从一开始就对你表现出强烈厌恶，那么，放弃才是最明智的选择，如果你成天在她面前晃悠，她只会更讨厌你；相反，如果她对你并不讨厌，多献殷勤才有机会。

2）过度使用会引起厌烦。也就是说，曝光不是越多越好。德国实验心理学家古斯塔夫·西奥多·费希纳、英国实验心理学家爱德华·布雷福德·铁钦纳等人都对曝光效应进行过研究，认为这一效应是显著、可靠的。研究发现，当不熟悉的刺激短暂呈现时，曝光效应最强。曝光的次数在10～20次之间一般能产生最大程度的喜欢；曝光次数过多时，喜欢程度会下降。

民族牌与包装

鲁迅说，一切文艺固是宣传，而一切宣传却并非全是文艺。搞传播不能自娱自乐。传播要做四步拆解。

第一，要心存传播目的，不是为了刷存在感而做传播，不能无主题变奏。

第二，要找准传播的支撑点，比如要讲某公司好，要明确知道它的差异化优势能否支撑这个观点。

第三，要找准受众的兴趣点，讲受众感兴趣的故事。

第四，正确选择渠道和表达方式，让最匹配的渠道和方式展现最喜闻乐见的内容。

大主题也可有小角度，大道理也可讲小故事，传播也符合压强原理，受压面积越小，受力点上的压强越大，唯其小，才能往受众心里走得越深。

新媒体时代，企业传播必须遵循媒体传播逻辑，切忌用力过猛，打“大牌”，如民族牌。

举一个红芯公司高调传播导致翻车的例子。2018 年 8 月 15 日，红芯宣布完成 2.5 亿元 C 轮系列战略融资当日，因其称已研发了中国首个自主创新智能浏览器内核，融资备受关注。次日，多家媒体报道，红芯浏览器被质疑套壳 Chrome 浏览器，与其宣称的自主内核相差甚远，一并牵扯出创始人涉嫌夸大履历，引起社交媒体刷屏。《科技日报》痛批《不要“站在巨人的肩膀上”蹬鼻子上脸》，业界震动。红芯公司一时灰头土脸陷入被动，不仅最后出来致歉，企业也元气大伤，逐渐偃旗息鼓。实属得不偿失。

打民族牌，就要清楚民族牌的反噬力。这方面的例子可以举出很多。

新媒体时代，与之前不同的是，宏大叙事让位于小切口叙事，传播不能轻易用老旧的宣传思维。

在日常的传播案例中常能见到企业不得体的夸大现象，这其实是在挖坑自埋。有的初创企业，在融资阶段特别容易犯这样的错误，靠夸大数据和投资额拔高自己的行业地位，提升影响力。

最常见的是超过企业自身实力的自吹自擂式传播。企业在发展过程中大话说多了，绝不是什么好事。

有些企业始终觉得夸大不是什么大事，对企业伤害不大，好处却不少，还能引起话题，维持高股价和高曝光度。有的企业觉得，自身缺乏在竞争中脱颖而出的新技术和商业模式，故只能靠夸大宣传。但是，这样的虚夸在新媒体时代特别容易被戳破，透支企业信用，引发舆论风险，毁掉一点点构建起来的品牌。

传播可以包装，但不要过度包装。

很多人都认为，传播就是要包装，不包装就不叫传播。但传播是美容不是整容，可以上粉但不能动刀，不能把不及格说成及格，黑的说成白的，没的说成有的。不能说谎，不能有水分的时候调门高，不能调门高的时候故作完美。对外传播，还是要站在事实基础上。

新媒体时代，传播要学习的技巧多，坑也多；如果不能把握分寸，轻则得不偿失，重则万劫不复。新媒体时代，传播应该注意：一，不要说谎，被戳穿太容易；二，调门不要太高；三，不要试图塑造完美形象；四，不要轻易打民族牌；五，易引起争议的敏感话题尽量不碰……

013

公关传播的价值只被看到一半

几年前看过一个故事：一个在大厂工作满 4 年的年轻人，跃跃欲试，拉了几个朋友一起创业。当时，他涉及的业务只有一家竞争对手，其规模不大，产品也不强，他觉得自己有机会。

又 4 年后，年轻人的公司关门了。在这 4 年中，他拿到过两轮融资，曾无数次想象自己上市敲钟的画面……

公司关门后的一天，在一个饭局上，他和一个媒体朋友越聊越投机。媒体朋友跟他说："我一铁哥们儿在和你有竞争关系的那家公司做传播，你的事我都清楚，你们'死'在传播上。"

年轻人不服："他们产品不如我们。"

媒体朋友说："产品靠人讲，不过讲的故事不一样罢了。你有没有发现，你们每一次产品更新之后，都或多或少有一些用户负面评价出现在社交媒体上？"

“当然有啊，这很正常，我承认总会有功能上的问题，我们会根据用户反馈做下一次版本升级。而且负面消息并不算多，绝大多数人还是在说我们的产品好。”年轻人说。

媒体朋友笑笑说：“嗯，这个我知道。但是在一年多两年的时间里，你有没有发现这些负面评价都有一个共同的特征？这些负面消息里总会出现一个‘蠢’字。有负面评价其实是很正常的，但是所有负面评价里都有共同的特征就不正常了。当你的用户觉得你很蠢的时候，他们会自觉地联想到如果自己在用很蠢的产品，那么自己看起来就会很蠢。‘蠢’这个标签已经被牢牢贴在了你们头上。”

“可我们的产品并不蠢啊！”年轻人愤怒了。

“当然，但你已经说服不了用户了。

“你为什么没拿到第三轮融资？”媒体朋友问。

“因为现在投资环境不好。”

“不，因为投资人觉得你很蠢。

“你知道为什么你在融资的时候，网上会出现很多巨头公司想要介入收购其他公司的消息吗？

“你有没有留意到网上忽然多了很多吐槽创业公司烧钱做广告导致资金链断裂的评论文章？

“你知道为什么，在你融资的档口，会出现很多唱衰小公司的小作文吗？”

年轻人沉默了。

构建品牌

公关传播的价值，在当下中国商业环境下，是无须过多论述的。

传播最重要的作用，一个是建构关系，一个是建构品牌。多数企业更认同前者，少数企业在意后者。

公关二字，字面含义只表述了前者——公共关系，是社会组织同构成其生存环境、影响其生存与发展的那部分公众之间的社会关系，是一个组织为了达到特定目标，在组织内部员工之间、组织之间建立起一种良好关系的科学。

一家企业是社会关系的总和，包括与政府（监管部门）、员工、上下游企业（行业）、资本、舆论之间的关系。因此，关系对企业至关重要，关系构建的重要性不言而喻。

于是，国内企业无论大小，基本上都会有处理公关传播的职能部门。公关传播部门除了直接维护关系、拓展关系，更重要的是，其通过梳理构建完善的话语体系，帮助企业厘清、处理利益相关方之间的关系，为业务发展保驾护航，让企业安心地稳健成长。

在很多企业，公关传播部门负责的不仅仅是关系，也是战略。公关传播部门是企业重要的战略部门。

在国内当前充满挑战的舆情环境下，有上述对公关传播的价值认知不难，但如果认知仅止于此，还是只看到了公关传播一半的价值。

公关传播另一个重要的价值在于建构品牌。行业内讲公关构建品牌的书很多，比较有名的是定位理论创始人、被誉为“定位之父”的艾·里斯的畅销书《广告的没落，公关的崛起》（老版本叫《公关第一，广告第二》），整本书都在讲为何是公关而非广告缔造了企业的品牌。

广为企业界熟知的《定位》[㊀]中讲，营销的竞争是一场关于心智的竞争，营销竞争的终极战场不是工厂也不是市场，而是用户心智。用户心智决定市场，也决定营销的成败。《广告的没落，公关的崛起》更进一步强调，争取到用户心智认同的，只有公关传播；因为广告无法给予新品牌可信度。广告的目的不是建立一个品牌，而是在公关传播建立品牌后扩散这个品牌，或者在营销中把利益点广而告之。公关传播是司机，引领并指导着营销大巴的走向。

构建品牌护城河

回到品牌——品牌是指消费者对产品及产品系列的认知程度，是人们对一个企业及其产品、售后服务、文化价值的评价和认知，是一种信任。品牌的本质，是能为目标受众带去同等于或高于竞争对手的价值，包含功能性利益及情感性利益。品牌以其特有的、能识别的心智概念来表现其差异性，在人们的意识当中占据一定位置。

㊀ 该书中文版已由机械工业出版社出版。

现代营销学之父菲利普·科特勒在《市场营销学》中定义说，品牌是销售者向购买者长期提供的一组特定的特点、利益和服务。

公关传播与品牌无法分离。

品牌的功能、质量和价值是品牌的用户价值要素，即品牌的内在三要素；品牌的知名度、美誉度和忠诚度是品牌的自我价值要素，即品牌的外在三要素。

品牌的用户价值大小取决于内在三要素，品牌的自我价值大小取决于外在三要素。

简单来说，内在靠产品，外在靠公关传播。

《赢在公关：创造品牌影响力》这本书把公关传播在企业不同发展时期的发力点进行了区分。

初创期：区隔产品。这个时期的产品还只有雏形，公关的作用是为企业赢得生存空间。“产品有什么吆喝什么”，这一时期主要聚焦于C端增长。

成长期：区隔价值。这一时期企业有了稳定的用户/客户，取得了一定的市场份额，在稳定阵地的情况下，公关的作用就是帮助企业提升品牌溢价，着力打造品牌价值。

成熟期：区隔企业。这一时期的企业基本上处于产业的主导或支配地位，公关需要在为企业赢得长远发展上发力，应综合考虑各直接和间接的利益相关方，比如供应商、客户、消费者、媒体等，助力企业建立长久的企业声誉和品牌形象。

用户持续使用你的产品，是因为你的产品本身为他提供了价值；用户不关心你的品牌，是因为你的品牌并没有给他提供价值。

如果只有产品的有形价值，靠产品驱动品牌，对用户来说是毫无黏性的。只有超越使用功能，创造无形价值，建立情感连接，企业与产品才会是不可取代的（毕竟能提供同一产品的企业太多了）。

如果没有提供更多的无形价值，打再多的广告、请再多的代言人，也无济于事。

品牌忠诚和产品忠诚不同。产品忠诚指用户纯粹因为使用功能而持续使用你的产品，如果替代品增加，迁移成本不高，新品牌更有吸引力，用户终将流失。

而品牌忠诚，则是指用户因内心的认可而不断使用你的产品。如果你的品牌已在用户心智中萌芽、生发，那就难以被改变，建好品牌这个护城河，即使竞争对手推出了更好的产品又如何。

THREE

| 第三章 |

当危机突然来临

舆情的堵与疏

014

舆情的引燃与失控

心知肚明，为什么常常不能言说？

舆论有着强大的力量，可以被引燃，也可能失控。

舆论的作用机理，可以尝试用博弈论里共有知识（mutual knowledge）和公共知识（common knowledge）的概念来理解和解释。

下面这个故事很好地说清了这两个概念。

红眼睛与蓝眼睛

华裔数学家陶哲轩曾在网上出过一个题目。一个岛上有100个人，其中有5个人是红眼睛，95个人是蓝眼睛，但他们不知道自己眼睛的颜色。岛上有规定：虽然每个人都能看到其他人的眼睛，但绝对禁止讨论有关眼睛颜色的任何话题，一旦一个人知道了自己眼睛的颜色，他必须在第二天中午自杀。某天，有个旅行者由于不知道规矩，不留神说："你们这里有红眼睛的人。"五天以后，岛上5个红眼睛的人都自杀了。

故事推算的逻辑是：假设岛上只有1个人是红眼睛，当知道岛上有红眼睛的人时，他立刻会想到，岛上其他人都是蓝眼睛，那唯一有红眼睛的人只能是自己，第二天中午，这个红眼睛的人就会自杀。

假如岛上有2个红眼睛的人A和B，以及98个蓝眼睛的人，当知道岛上有红眼睛的人时，A就会想到：假如自己不是红眼睛，那么B将看到99个人都不是红眼睛，B立刻会知道他自己是红眼睛且第二天中午就会自杀。同样B也会这样想。

到了第二天，A和B都没有自杀，这时他们会反应过来：岛上不可能只有一个红眼睛的人。那么除了对方以外，另外一个红眼睛的人一定是自己。于是，在第三天中午，两个人就都会自杀。以此类推，故事中的五个红眼睛的人第六天中午就都会自杀。

要思考的是：每一个岛民早就知道其他人眼睛的颜色，也都知道村子里有红眼睛的人，旅行者看似说的是无害的话，为什么却有这么大的杀伤力？

用博弈论中共有知识和公共知识的概念，可以解释这个问题。

共有知识：每个人都知道，但不确定别人是否知道，也不确定别人是否知道自己知道。

公共知识：不光每个人都知道，而且每个人都知道其他人也知道。

两者之间的区别是：共有知识只包含了一条必要信息，即这项知识本身；公共知识包含了多条必要信息，即这项知识本身和每一个人都知道所有人掌握了该知识。

陶哲轩的题目中，人们都知道岛上有红眼睛的人，但不知道其他人是否知道岛上有红眼睛的人，那“岛上有红眼睛的人”就是共有知识。当旅行者把这句话说出来时，所有人都知道了“岛上有红眼睛的人”，并且知道了其他人也知道“岛上有红眼睛的人”，这个信息就变成了公共知识。

公共知识要满足两个条件，第一个条件是大家都知道，第二个条件就是大家知道大家都知道。

不说就不会有共识

再举个例子。一个男孩和一个女孩，两个人互相暗恋，没有表白。这个时候，男孩知道自己肯定是爱女孩的，而且通过女孩的行为，他感觉到这个女孩也应该是爱他的。但是，男孩不知道他爱女孩、女孩也爱他这件事女孩是不是知道，女孩也不知道男孩是否知道他们相爱了。如何才能把他们的共有知识变成公共知识呢？很显然，应该表白。男孩说，我喜欢你，你也喜欢我，咱们在一起吧，女孩说好，这样一来，他们的共有知识就变成公共知识了。他们各自知道彼此是相爱的，而且他们也知道对方同样知道这件事，当然别人也知道他们相爱了，这就叫公共知识。所以从共有知识变成公共知识，最重要的一件事就是说出来，把窗户纸捅破。说出来，才能把一个共有知识变成公共知识。公共知识和共有知识的作用是不一样的。

对于这对男孩女孩，不说出来（表白）和说出来，是质的区别。表白了，对方拒绝，一拍两散；表白了，对方接受，确立关系。不表白，双方就既有关系，也没关系，是“薛定谔的猫”。

再比如，有一款产品，一直宣称自己多么领先，实际上它可能没那么好甚至体验很差。你知道、我知道，大家都知道，这叫共有知识，但是除非有一个人把它喊出来说，这个东西真的在骗人，所有人的心知肚明才能变成大家都知道且大家都知道大家知道，这件事才能变成公共知识。那么对于这款产品来讲，它非常害怕这件事，就会想尽一切办法把这件事压下去，不让这个共有知识变成公共知识。

又比如，一只垃圾股票，大家都知道它是垃圾股，但是大家不知道别人是不是知道它是垃圾股，所以这只股票的价格可能还会很高。但是如果一篇报道说它是垃圾股，大家都清楚了大家都知道这只股票是垃圾股，就不会有人再买它了，其价格就会瞬间跌下来。当年乐视的遭遇，就是一例。

“一句真话能比整个世界的分量还重”

在实际生活中，公共知识可以帮助人们提高预测他人行为和意愿的准确度，促进合作，完成共同目标，而共有知识却不能。

举一个生活中的例子。有 10 个好友经常聚会吃饭，但其中有 1 人，我们叫他小迟吧，每次都迟到半小时。于是其他 9 人每个人都在想，下次聚会时，我们 9 人定一个时间，然后再单独告诉小迟一个提前半小时的时间，这样就可以节约彼此等人的时间了。在这 9 人之间，“下次聚会时，我们 9 人定一个时间，然后再单独告诉小迟一个提前半小时的时间”是一个共有知识，但他们彼此之间若不沟通，这个方案就无法得以实施。而当他们 9 人彼此沟通之后，每个人都知道了别人也是这么想的，共有知识就变成了公共知识，这个方案便可以成功实施。9 人彼此沟通的行为，和一个可信的第三方告诉他们，你们 9 人都有这个想法，具有一样的作用。

集体围观不一定会改变现状，但有人说出来一定会扰动局面。说出来的过程，就是寻找共识、结成共识的过程。说出来的可能是正确的，也可能是错误的，但无论如何，都会在听到的人心里种下一颗种子，生根发芽（当然，如果完全扭曲事实，那么种子会枯萎。很多情况下，也存在说出来的话不好辨析，或者辨析需要时间和相关知识的情况）。有时，真与假还是“薛定谔的猫”，信息受众已经有了自己的选择，比如，金融信息还未知真假，却已经引发大规模挤兑；某品牌商品其中一个生产批次质检出现问题，也容易导致该品牌商品被大量退货。

《皇帝的新衣》故事中，皇帝受骗子的欺骗，穿上了号称只有聪明人能看到事实上根本不存在的衣服，并且外出巡游。百姓们看到了没穿衣服的皇帝，大家都不敢说，不愿意做“出头鸟”，这时候皇帝没穿衣服这件事就是共有知识，大家不确定别人是否知道这个事实。但是有一个小孩把真相说出来了，这时候人们就知道，原来其他人看到的也是同样的景象——皇帝没穿衣服，于是原来的共有知识就变成了公共知识。所以，在共有知识向公共知识转变的过程中，讨论、分享等信息传递过程很重要。把事情说出来和心知肚明但就是不说，效果是不一样的。说出来，才能够影响世界。

所以，“俄罗斯的良心”亚历山大·索尔仁尼琴才说：“一句真话能比整个世界的分量还重。”

打破沉默的勇气

中国政法大学教授罗翔曾表示，在他的词汇中，勇敢是最高级的，“因为我自己不够勇敢。在人类所有的美德中，勇敢是最稀缺的”。

我们都赞扬《皇帝的新衣》中小男孩的勇敢和天真，鄙视皇帝和大臣的愚蠢，但似乎很少讨论为什么大家对明摆着的事实一言不发。

伊维塔·泽鲁巴维尔在《房间里的大象：生活中的沉默和否认》里讨论了这个话题。“房间里的大象”是一句西方谚语，意指那些显而易见却被大家忽略和否认的事实，就像房间里装着一头大象，人人都看得见，但没有人谈论它。很多时候，我们的沉默不是刻意的。我们的沉默是自然而然的，我们已经接受了房间里有一头大象，如此自然，我们甚至不知道还需要掩盖这个事实。

沉默的人越多，要打破沉默就越难。沉默者对揭露真相形成了压力，打破沉默需要巨大的勇气，甚至需要为之付出沉重的代价。更难办的是，沉默本身往往也未被讨论，和我们公开说“此事免谈”不同，合谋性沉默对为什么避而不谈“大象”是绕开的，也就是说，避谈大象本身就是大象。

《房间里的大象》最精彩的句子就是：“使人们噤声的方式本身，就常常以鸦雀无声的方式进行。”沉默源于怯懦。人们畏惧权力的威慑，担心强权的打压，忧虑仕途受阻，恐惧财产损失。在这种生存压力下，沉默自然变成最稳妥的生存策略。高贵是高贵者的墓志铭，沉默是沉默者的通行证。

知名学者刘瑜说，人们习惯于用政治或社会的压制来为自己的沉默辩护，却往往忘记了正是自己的沉默在为这种压制添砖加瓦。我们尽可以堵上自己的耳朵或者捂上自己的嘴巴，但是当房间里有一头大象时，它随时可能抬起脚来，踩碎我们的幻觉。

马丁·路德·金有句名言：“我们这一代人终将感到悔恨，不仅因为坏人可憎的言行，更因为好人可怕的沉默。”

伊维塔·泽鲁巴维尔认为，沉默不只是道德或利益的抉择，更是人类的本能——群体无言的共谋可以带来安全感。人越多，沉默越容易蔓延，因为集体沉默让个体免于担责，甚至带来归属感。我们从小被教导沉默是金，最终它成了习惯。当所有情绪都化为沉默，真相便消失了。

著名德裔美籍精神分析心理学家、哲学家艾里希·弗洛姆在其代表作《逃避自由》中指出，现代人在“逃避自由”。他认为，在前现代社会中，并不存在真正意义上的独立个体，个体与自然和社会联系紧密，它们之间存在一种“始发纽带”(也是束缚)，宛如一个整体。随着文艺复兴、宗教改革、启蒙运动等思想文化运动的兴起，个体与自然和社会之间的始发纽带逐渐弱化，个体成为真正意义上独立的个体。然而，和始发纽带一起消失的，还有身处共同体所带来的归属感和安全感。

因此，在弗洛姆看来，现代人从传统束缚中解放出来，更加自由和独立，但同时也伴随着孤独和无意义感，因此他们又“逃避自由”。个体屈服于外在的权威，或者将自己变成权威来控制他人，以此来摆脱孤独感和无力感，从而寻回失去的归属感和安全感，这或许就是“孤立无援的现代人”所处的精神困境。

豪尔赫·路易斯·博尔赫斯对此也有感叹，他说作家在写作的时候，写的是他能写的东西，而不是他想写的东西。

打破合谋性沉默，要从最基本的做起，即承认大象的存在，不再把它当作空气。泽鲁巴维尔说，一旦我们开始承认大象的存在，它便神奇般地缩小。只有我们不再商量好了去忽略这头所谓的大象，才能最终把它赶出房间。

汉娜·阿伦特认为，现代人要参与到公共领域中，与同类一起行动，从而超越劳动与工作，达到不朽。政治是教人们如何达到伟大与辉煌的艺术，一个忙于劳动和工作而无暇参与行动的人，绝不可能是真正自由、幸福的。由此，阿伦特推论道，自古希腊以来，西方政治走向异化，因为私人领域日益扩张，公共领域却日益萎缩。行动总是以语言为中介的，阿伦特认为，在公共领域中，人们参与政治，只有通过辩论才能和其他人发生关联，才能成为交往共同体的成员，默默无言的行动者不能算是行动者。

015
舆情处置的层次与钥匙

对舆情部门与企业公关传播团队而言，最大的挑战在于舆情危机处理。

对企业而言，危机分两类，一类是外因作用而成的，一类是内因引起的。

外因与内因的症状

外因作用而成的危机一般有三种来源。

第一种是真实用户或合作方（发布者踪迹可循）。任何一家企业，都要面对用户褒贬不一的评价，因为在微博、微信、抖音等渠道上发声很便利，用户很容易发布一些感性表达，尽管很多评价其实只是一种情绪表达，但它们有时会扩散到媒体，形成舆论关注。

第二种是外部非用户（非利益相关者）。由外部非用户引发的舆情危机即没来由的负面舆情。新媒体时代相对复杂的媒体环境，允许各种未经辨别的信息经自媒体未经核实发布，导致虚假信息容易迅速扩散，对企业形成伤害。你肯定知道被辟谣多次的肯德基怪鸡事件。网络上有人谣传，肯德基等大型连锁快餐店所供应的鸡肉是变种怪鸡，它们要么是“三个翅膀六条腿”，要么是全身无毛皮肤通红的裸鸡。这种没来由的负面舆情，并不少见。

第三种是竞争对手。由竞争对手引发的舆情危机也是最难防范的外因危机。竞争对手持续攻击、贴负面标签，甚至策动“代理人战争”（借助真实第三方来攻击、发难，比如媒体、KOL），不管是小规模低强度还是大规模高强度，都十分棘手。像当年伊利与蒙牛、三一重工与中联重科的恶性竞争中，曾有牵连其中的媒体人和公关公司涉及刑事案件。360 与腾讯的“3Q 大战”、360 与百度的“3 百大战”，最后舆论战也都演变为了代理人战、司法战，情况非常复杂，如今时移世易，一般企业已经不会遇到，所以在此也就不展开讲了。

内因引起的危机可分两种情况。

一种是企业、产品自身出现了问题，侵害了用户或社会的利益，由于尚未纠正或纠偏机制失灵，问题最先由媒体呈现或在社交媒体上曝光，从而引起大量负面评论。比如很早之前海底捞被爆出的后厨卫生事件。

还有一种是企业的产品、服务没多大问题，但企业领导人或内部人员的不当言行引发了危机。比如，新东方创始人在演讲中提到“现在中国是因为女性的堕落导致了整个国家的堕落”；小米某高管在中国人力资源管理年会上发言时称，“小米认为未来的天下，得屌丝者得天下，得年轻人得天下”。小米高管因“屌丝”一词招致舆论愤慨。一些米粉吐槽说，“一直以为自己是粉丝，没想到被认为是屌丝”，纷纷去小米 CEO 雷军微博下留言“讨说法”，最终该高管不得不以辞职平息众怒。犯过小米这种错误的企业有很多，比如 B 站 HR 在面试求职者时问：“你知道我们的核心用户都是什么样的人吗？”在求职者回答错误后，HR 说：“是生活里的 loser。”B 站后来不得不回应称，对该事件中面试官的言论非常气愤，经内部调查，该面试官已被劝退。有些话，内部开玩笑说说或许危害不大，但拿到外边堂而皇之地说，肯定是极其愚蠢的。要想杜绝这种错误，最好的办法就是，不仅内部不这样说，就是想也不要这样想。

内外因共振放大危机

很多情况下，内因会与外因一起作用。比如，网民对百度搜索结果有许多虚假信息及广告感到不满。这种不满是情绪表达，而一旦遇到“魏则西事件”这种案例，就会一下子爆发。一个企业，最要注意的是，当网上有很多的吐槽声音，不满情绪堆叠，最终演化为一场危机时，不要就事论事地处理这一起危机，认为处理完就可以踏实了，而是一定要从根本上尽力消除误解，做更彻底的检视与改变，防范危机死灰复燃。否则，明火熄灭了，看似太平，但一有草动风吹，暗火伺机复燃，并且很可能烧得更猛更烈，一次又一次，直至把企业烧到外焦里嫩、面目全非，做什么都是错。

当危机被权威媒体报道，网民开始评论，官方舆论场与民间舆论场相互作用导致事态升级时，危机就变成了逐渐失控的舆情事件。如果不加以回应或回应不当，就很有可能加剧对企业的损害。企业对危机进行的回应和采取的措施，就涉及公关传播部门的危机公关策略。

舆情危机是天大的事。企业的舆情危机，一定是公关传播部门乃至公司整体要处理的头等大事。就像房子着火，火苗在屋内烧着，你没办法继续在屋里安心吃喝。而且，舆情危机不应完全按老板的意图处理，不能老板说怎么干就怎么干，要尊重公关传播团队的专业性。舆情危机处置翻车的案例比比皆是，如李佳琦带货花西子怼网友事件、车展宝马送冰激凌事件等。处理不当，就会火上浇油，导致危机升级。

舆情危机处置的高下

舆情危机处理，很能看出涉事方处理能力的高下。不举例子，只做如下概括。

最差：应对之后招致更大范围的关注，被挖出更多问题。

次之：不回应，留下不负责任的印象。

合格：应对之后，取得谅解，舆论逐步平息，企业度过危机。

优秀：应对之后，公众加深了对一家企业负责任形象的认知。

卓越：在问题处于萌芽状态时，就能够发现苗头并及时予以处理，避免危机。

在关于危机公关的教科书中，总结有很多方法，如危机公关5S原则，包括承担责任（shouldering the matter）、真诚沟通（sincerity）、速度第一（speed）、系统运行（system）、权威证实（standard）；危机管理6C原则，包括全面（comprehensive）、价值观的一致性（consistent values）、关联化（correlative）、集权化（centralized）、互通化（communicating）、创新化（creative）。这些方法为舆情危机处理提供了基本框架。与这些框架配套的，还有网上总结的应对危机如何快速写出一个声明的模板，如被央视“3·15”晚会曝光，回应声明怎么写。模板如下。

尊敬的消费者、媒体朋友及社会各界：

我们注意到央视“3·15”晚会指出的（公司名称）在（报道的具体问题）方面存在的不足，对此，我们深感抱歉，并向所有受到影响的消费者和社会公众致以最诚挚的歉意。

作为一家致力于（公司使命或愿景）的企业，我们始终将消费者的权益放在首位。然而，此次事件暴露出我们在（具体领域）方面存在疏漏，未能达到消费者和社会的期望。对此，我们负有不可推卸的责任。针对此次事件，我们已经采取以下措施（列举具体措施，如承诺立即整改，加强监督，召回问题产品，组织退款之类）……

我们深知，信任的建立需要长期努力，而信任的崩塌却可能在一瞬间。此次事件为我们敲响了警钟，我们将以此为戒，深刻反思，避免此类事情再度发生。我们将及时公布事件处理进展，感谢央视和各媒体及消费者对我们的关注与监督。

防患于未然

舆情部门应该有更卓越的表现，能够在日常工作中及时发现隐患、处置隐患，避免舆情危机发生，这也是处理舆情危机的最高境界。

讲两个关于神医扁鹊的故事。

魏文侯问名医扁鹊：你们家兄弟三人，都精于医术，到底哪一位最好呢？扁鹊答：大哥最好，二哥次之，我最差。魏文侯再问：那么为什么你最出名呢？扁鹊答，我大哥治病，是治病于病情发作之前。由于人们不知道他能治未病、根除病因，所以他的名气无法传出去，只有我们家的人才知道。我二哥治病，是治病于病情初起之时。人们以为他只能治轻微的小病，所以他的名气只及于本地乡里。而我治病，是治病于病情严重之时。人们看到我在经脉上针刺放血、用药敷药，所以以为我的医术高明，我因此名遍天下。

你看，比较起来，能治未病、防患于未然是最高明的，但往往因防范在前，不会出现恶果，使事物保持了原态，没有“明显”的功绩而被忽略。正如不见防火英雄，只有救火英雄一样。高明者不见得一定名声显赫。

第二个故事，我们上学时都学过相关的课文，选自《韩非子·喻老》，课本中这个故事叫《扁鹊见蔡桓公》，是一个关于扁鹊想学大哥，结果失败的故事。

扁鹊觐见蔡桓公，在蔡桓公面前站了一会儿，扁鹊说：您的肌肤上有些小病，不医治恐怕会加重。蔡桓公说：我没病。扁鹊离开后，蔡桓公说：医生喜欢给没有病的人治病，把治好病当作自己的功劳！过了十天，扁鹊再次觐见蔡桓公，说：您的病已经到了肌肉里，不及时医治恐将更加严重。蔡桓公不理睬他。扁鹊离开后，蔡桓公又不高兴。又过了十天，扁鹊再一次觐见蔡桓公，说：您的病已经到了肠胃里，不及时治疗将更加严重。蔡桓公又没有理睬。扁鹊离开后，蔡桓公又不高兴。又过了十天，扁鹊远远地看见蔡桓公，掉头就跑。蔡桓公特意派人问他。扁鹊说：病在皮肤上，热敷拔罐就能治好；病在肌肉里，用针灸可以治好；病在肠胃里，用火剂汤可以治好；病在骨髓里，那是司命管辖的事情了，大夫是没有办法医治的。现在病在骨髓里面，因此我不再请求为他治病了。过了五天，蔡桓公身体疼痛，派人寻找扁鹊，这时扁鹊已经逃到秦国了。蔡桓公于是病死了。

许多企业的危机，其实是被自己养大的，养到深入骨髓，不可收拾。就拿百度、携程（用户对大数据杀熟始终有反馈）、滴滴

（顺风车的隐患之前就有很多用户反馈）的舆情危机案例来说，看似突然爆发，但其实用户对企业的不满，在集中爆发前已经充斥社交媒体，舆情部门或公关传播部门其实早就可以监测到。负面舆情充斥，离爆发只剩一根火柴、一段导火索，如果能推动公司做出改进，及时处置，尽量将危机消灭于爆发之前，显然比舆情突然爆发伤害到企业再去改进要好得多。

治未病的几个支点

舆情部门、公关传播部门治未病的几个支点如下。

首先，应该注意与客户服务部门沟通。客户服务部门是用户与企业直接接触的第一渠道，舆情部门、公关传播部门需要根据客户服务部门反馈的用户问题类型，梳理产品与服务的问题，给公司系统反馈，推动公司做出修改；如果发现问题一时来不及修改，也要制订并公布修改计划。

其次，应该注意与运营部门沟通，随时关注运营部门处理的微信、微博、抖音等社交媒体上的投诉问题。因客户服务部门处理不及时而流转外溢到公共平台的问题，运营部门要在舆情部门、公关传播部门的指导下，在用户反馈初期及时处理，不要让用户感觉反馈无门。

当然，微信、微博、抖音等渠道反馈的问题，有真问题也有假问题。任何一家企业，有用户就肯定有用户评价，有评价就肯定不是 100% 点赞。不必对褒贬不一焦虑，要透过假危机、假问题发现真问题。

如果是真问题，而且真的由社交媒体延伸到了媒体，由产品和服务的问题暴露到了更大范围，大可不必惊慌失措。一是要将其看作解决自身产品和服务的问题的契机，如果企业要持续经营，有问题当然要解决问题；二是要真诚地和用户及媒体沟通，接受批评并表达改进的意愿，需要赔偿补救时要积极行动。

最差的做法是问题在那儿摆着，自己还百般抵赖，找理由推脱。这是真正的火上浇油、激化矛盾，是企业舆情处理的大忌。

对话意味着放弃对抗，双向、平等地沟通真相、协商利益和分享价值。即使在事实认定上有分歧，也一定要想办法在价值上达成一致。逼企业倒闭不是大众的目的，使企业认识到错误并承诺改正，是大众正常且合理的要求。

如果把危机应对当作一场考试，舆情部门、公关传播部门应该和公司一起认真准备，拿着真诚这把钥匙，化解危机于萌芽之时。

“隐患险于明火，防范胜于救灾，责任重于泰山。”这三句关于安全工作的总结，对企业舆情危机处理同样有效。

016

微时代危机：时间不是唯一的尺度

企业应对危机有什么样的原则和步骤，最应该注意什么？

奥美公关与CIC曾发布过一份《微时代危机管理白皮书》，提出“微时代”的概念，认为在微博等社交媒体扮演重要传播媒介的时代，信息传播方式发生了改变，这些社交媒体让每个网民都成为自媒体，每个人都可以成为消息的制造者和传播者。公众既是受众，也是媒介；平台既是品牌营销沟通的重要平台，也在各类危机的爆发、传播和升级中扮演着愈加重要的角色。微时代危机，以微博为核心辐射平台，将触角伸向现实生活的方方面面，对公关管理提出了全新挑战。过去，媒体报道是危机的主要推动者；如今，微博等社交媒体传播的广度与深度直接决定了危机的严重程度，如果某一事件没有在微博、微信等社交媒体上大规模传播，便尚未构成危机。以前处理公关危机的黄金时间段是在 1 天之内，而在微时代，处理公关危机的黄金时间段是在 8 小时之内。

微时代确实与传统媒体掌握话语权的时代不同，微时代官方舆论场与民间舆论场的共振，带来的议题设定效应与话题效应更强。但需要指出的是，如果某一事件的传播只有微博等社交媒体参与，没有传统媒体跟进，那就可以说，这对当事方不构成严重危机。之所以要做这样的说明，是想强调，离开官方舆论场的民间狂欢，有时不一定能定生死。

只在官方舆论场传播而没有民间舆论场同频呼应，与只有民间舆论场发酵而没有官方舆论场跟进，这样的情况也是当前舆论场屡见不鲜的。在微时代，真正要重视的危机，是官方舆论场与民间舆论场同频共振的危机。

需要第一时间回应吗

在危机应对中，回应时间是最重要的吗？美团、饿了么回应外界对骑手关切的舆情危机案例，值得我们再次审视危机应对的一些基本原则。

2020 年 9 月 8 日，《人物》杂志在其微信公众号发布了一篇深度调查报道《外卖骑手，困在系统里》。文章指出，外卖平台设置的送餐时间机制，让外卖骑手成为“高危职业”，以及平台在从时效和评价两个体系不断压榨骑手的同时，制造并加剧了骑手与用户之间的矛盾。文章迅速成为当天的“10 万 +”，刷爆朋友圈。事件开始发酵，遭受了最猛烈批评的是在外卖市场份额最大的美团。

9 月 8 日下午 6 点左右，美团表态：暂不回应此事，下周会举办小范围外卖业务沟通会。

9 月 9 日凌晨 1 点多，同为外卖平台的饿了么发公告称，将尽快推出新版本，会在结算付款页面增加功能，让用户选择“我愿意多等 5 分钟 /10 分钟”按钮，同时对历史信用良好的外卖骑手提供鼓励机制。饿了么的公告还贴心地加了一句“每个努力生活的人都值得被尊重”，试图打感情牌。不过，消费者并不买账：明明是平台苛责骑手，但是看公告怎么感觉是我们让骑手困在系统里的？不出意外，饿了么被众多网友批判。

后来美团根据饿了么提供的错误选项优化了答卷，提出了从平台角度来优化送餐机制，算是让此次危机平稳落地。

举这个例子是想说，回应危机的速度固然重要，但读懂危机同样关键。

举一个回应危机的正面案例。《哪吒之魔童闹海》的导演饺子在电影爆火后遭遇了一次“危机”。大概是因为电影过于火爆，各种发文维度都有内容了，自媒体实在不知道说什么，就开始关注饺子多次出镜时爱穿的一件毛衣。眼尖的用户发现，这竟然是爱马仕同款，售价 1 万多元！事情开始有发酵的眉目。而后，《哪吒之魔童闹海》的出品方赶紧通过官方账号辟谣，指出饺子穿的是一件售价 428 元的普通毛衣。随后，羊毛衫品牌恒源祥在社交媒体上表示，饺子这件毛衣属于该品牌 2022 年秋季款，事情总算告一段落。虽然说《哪吒之魔童闹海》已经取得了亮眼成绩，但是只要电影还在上映，出品方就不想出什么负面舆情，因此在舆情初期就赶紧辟谣，没有任其发酵。

舆情危机公关有个“24 小时法则”，即在舆情爆发后，留给企业响应的时间只有 24 小时。24 小时内处理得好，舆情危机就能平稳落地；处理不好，“丑闻”就会扩散到各个角落。所以对企业来说，出现负面舆情后应该在 24 小时内启动危机管理机制，并给出对应的处理结果。

《微时代危机管理白皮书》显示，50 多个品牌危机案例的平均讨论声量高达 215 701 条微博，平均负面情感占比高达 95.51%，任由危机发酵的话，讨论的平均持续时间为 16 天，但如果企业能在 8 小时之内回应，危机平均持续天数将降低为 6 天，且平均负面情感占比将降为 65%。因此在微时代，处理舆情危机的黄金时间段是在 8 小时之内。

人民网则提出“黄金 4 小时”原则，之所以要再减去 4 小时，是因为新媒体在崛起后，渗透并深刻参与到突发事件的发展过程中。随着微博、微信等社交媒体的广泛应用，现在新闻在网上的呈现与传播不是以小时计，而是以分秒计，近乎实时。以微博、微信为代表的社交媒体，在“黄金 4 小时”内就可能将突发事件传播、发酵为有重大舆论影响的事件。

于是，大家都认可的结论是，能否快速反应，是应对舆情危机的关键挑战。

读懂危机比抢时间更重要

需要注意的是，正如上文提到的外卖平台的案例所揭示的，时间不是舆情危机处理的唯一尺度。

危机管理专家曾提出危机处理的5S原则。5S原则是一个全面、系统的危机处理框架，有助于组织有效地应对危机，减少损失，恢复声誉。

危机处理的核心是先读懂危机，做好舆情研判，分析危机的本质，再有针对性地回应，选择合适的策略。切莫被速度第一原则束缚住手脚，急匆匆回应。

再举一个被速度误导，没读懂危机就匆忙出手的例子。

2022年9月，短视频博主辛吉飞发布了一则关于“合成勾兑酱油”的短视频，虽然视频中并未提及任何品牌，但许多调味品品牌难免受舆情影响，成为被审视的对象。海天味业就成了第一个遭受审视的品牌。有网友发现，从日本超市买的“海天老抽王”的配料表上仅有水、大豆、小麦等天然原料，以及食盐、砂糖等调味剂，而在国内销售的部分海天酱油产品，多了谷氨酸钠、苯甲酸钠、三氯蔗糖等食品添加剂，因此有网友质疑海天酱油“双标”。海天味业对此迅速发布声明《中国品牌企业的责任、担当与呼吁》，强调自己的老字号历史和民族情怀，并强调其产品符合国家标准和法律法规。然而，这样的回应并没有平息舆情，反而引发了更多质疑和讽刺。

海天味业没有读懂危机并做好舆情研判，没有意识到危机的本质是公众对食品安全和行业诚信的担忧和不信任，而不是对产品成分的误解和质疑。海天味业应该采取更加主动和积极的策略，如邀请第三方权威机构进行检测和评价，或者邀请消费者参观生产基地和流程，或者传播品牌故事和品牌文化，而不是匆匆地丢个成分说明，就以为能平息危机。这场危机公关失败的原因，就是没有读懂危机究竟是什么。要想找到危机的本质，可以从以下三个角度去分析。

1）这个危机最直接的利益相关人有哪些？他们最关心的问题是什么？

2）扩大关注群体，监测网络信息，梳理网民的质疑点，这些质疑点与利益相关群体关心的问题有什么区别？

3）在发布公关声明或者采取其他进一步动作前，一定要反复推敲，带入用户或者网民视角进行分析，权衡每个方案的利弊。

担责与真诚

读懂危机之后，最重要的是承担责任。如果是企业自身犯错导致客户利益受损，企业就应该承担应尽的责任。比如 2025 年 1 月，支付宝因后台配置错误，导致某个时间段内所有的支付行为（购物、转账等）都会产生 20% 的折扣。这个行为给企业带来的损失是非常大的，其实支付宝可以选择从技术层面撤销这个折扣，但是它彰显出了大企业应有的担当——不会追回优惠金。这为支付宝赢得了一波好感。

除了承担责任，还需要真诚沟通。有些娱乐明星在出现舆情时，试图让工作室发布假公告，企图蒙混过关，但假的就是假的。因此，公关不是要改变事实，而是要改变公众对于事实的认知。在这个过程中，真诚沟通非常重要。

危机公关有两大工作，一是还原真相，二是重建信任。还原真相是基础，但更重要的是重建信任。

急匆匆发布声明，忽略了责任和真诚，效果自然不佳。

再次强调，危机公关的最高境界，是在危机爆发之前防微杜渐，将危机扼杀在摇篮中。事先的预防和准备工作主要包括以下几点。

1. 完善舆情系统与危机处理机制

舆情危机看似是突发事件，其实任何事件的爆发都有一个累积传播的过程，舆情系统是帮助发现问题的最好工具。相关部门应实时监测互联网上的相关信息，提前了解舆论方向，根据舆情预警报告及时做出反应，把不良舆论扼杀在摇篮里。还要在平日工作中建立并完善危机预防机制、危机监测机制、危机处置流程、危机应对小组，积累并完善危机应对内容等。

2. 维护好与媒体和KOL的关系

日常要加强与核心关系媒体的联系。媒体记者经常相互交流，如果有新的选题动向，几乎任何一个活跃的媒体记者都会有所耳闻。如果企业公关人员能有选择地和一些记者沟通交流，那么必然能提前知晓不利的报道素材。

尤其要注意与行业内的 KOL（关键意见领袖）保持联系，做好沟通。《微时代危机管理白皮书》中提到，通过案例研究发现，KOL 在危机传播中的参与对危机管理的效果有显著影响。有 KOL 参与传播的危机案例，危机的平均讨论声量比没有 KOL 参与传播的案例高 37 倍，平均讨论时间延长了 6 天。此外，每 1 名认证用户的参与，会带来至少 40 条与危机有关的讨论。因此，每个品牌都应该有一个行业内的 KOL 名单，并且这个名单是动态更新的，维护好与名单上的 KOL 的关系尤为重要，要使之成为连接粉丝和品牌的桥梁。

当年腾讯在“3Q 大战”之后，马化腾亲自坐镇，邀请专家和意见领袖，连续召开了十场名为“诊断腾讯”的系列闭门会，腾讯由此不仅收获了许多中肯意见，而且增进了和意见领袖们的感情，赢得了尊重，一定程度上扭转了“3Q 大战”留下的负面形象。

在汽车、3C（计算机、通信和消费类电子产品）等行业，KOL 屈指可数，要做到日常维护，其实不难。

3. 关注企业内外的利益变化趋势

舆情部门要密切沟通公司内部的产品、客服、销售、运营等部门，提前预估公司可能出现的问题并对此早做准备。

大多数舆情危机的产生是因为企业的变化使部分人的利益受到了伤害，这种伤害很可能导致矛盾冲突而被媒体嗅到。因此，舆情部门一定要紧盯企业的产品、服务、政策调整变化给哪些人带来了利益损失，对外、对内做好监测，第一时间做好沟通。

最为重要的是，产品、客服、销售、运营等部门中与用户接触的员工，都要有起码的危机意识，不要等着舆情部门来问询，要知道有异常时第一时间通报。比如，媒体询问的问题和日常用户问的问题肯定不一样，如果察觉对方是有采访意图的媒体，要及时和舆情部门同步信息，做好沟通。

4. 密切关注竞争对手

有些危机被竞争对手放大，有些危机由竞争对手发起，这两类舆情危机最难处置，必须第一时间分析出路径来源，判断出竞争对手的招数。

5. 控制网络舆情传播，有时需要进行搜索引擎优化（SEO）

控制负面舆情需要找到舆情源头，分析研判处理难度，及时与该源头信息相关人员进行沟通，迅速采取公关手段，避免负面信息扩散。

如果起初负面信息难以处置，可以先用企业品牌宣传、产品软文来压制负面信息，提高正面信息在搜索引擎搜索结果中的比例，降低负面信息在前几页搜索结果中的比例，将品牌正面信息通过 SEO 手段优化到首页呈现。也可以利用 SEO 手段，针对负面舆情中的一些关键词进行反向优化，如通过增加大量与负面舆情关键词一样的正向文章，让搜索引擎对相关推荐信息进行降权，从而达到对负面信息降权的目的。

当然，最好的舆情处置方法不是术，而是道。

真诚永远最有力量，要有勇气解决真问题。

017

与其拼命解释，不如卖萌自黑

腾讯 vs 老干妈事件，是 2020 年 7 月全网热议的事件。

尽管腾讯公关卖萌自黑的努力，因为竞争对手字节跳动出手而略打折扣，但腾讯把卖萌自黑的危机公关做了一次教科书般的演示。

大厂碰到骗子之后

2020 年 6 月 29 日，深圳市南山区人民法院的一则民事裁定书吸引了公众注意，裁定书显示：因为被拖欠广告费，腾讯要求冻结老干妈名下 1624.06 万元财产。

次日，老干妈公司发布声明称，从未与腾讯公司进行过任何商业合作，并已向贵阳警方报案。

2020 年 7 月 1 日上午，贵阳警方发布通报称，初步查明系 3

名犯罪嫌疑人伪造老干妈公司印章，与腾讯公司签订合作协议，目的是获取腾讯公司在推广活动中配套赠送的网络游戏礼包码，之后通过互联网倒卖，非法获取经济利益。

由于事件经过太过荒诞，涉及的两家公司又有很高关注度，一度引起全网讨论。面对贵阳警方实锤，腾讯启动了卖萌模式，把自己打造成不小心上当受骗的憨憨受害者。

“今天中午的辣椒酱突然不香了。”2020 年 7 月 1 日下午 1 点多，腾讯的 B 站官方账号自嘲道。据媒体报道，这条动态在短短 6 个小时内，仅在 B 站就获得了 300 多万的曝光量、7 万条评论、5.8 万次点赞。“腾讯：辣椒酱不香了”替代“老干妈印章遭伪造”成了 B 站热搜第一。在这条动态下，不少品牌的 B 站官方账号都在下面调侃。滴滴留言“在？送你一张打车卡，出去散散心？”；拼多多留言“跟我拼个单？”；淘宝留言“今天巴巴发零花钱啦，给大家买了几瓶辣椒酱尝尝鲜！”。旺旺、小米、中兴、杰士邦、方正等品牌也都在评论区调侃，很快就将事件焦点从乌龙合作背后的疑点，转移到了“企鹅（指腾讯）这个又惨又好笑的憨憨”上。

随后，腾讯乘势“扩大战果”，在微博、知乎等各大舆论场开启了自黑模式。

7 月 1 日下午 5 点多，腾讯官方微博置顶了一则消息，表示“一言难尽……为了防止类似事件再次发生，欢迎广大网友踊跃提供类似线索……我们自掏腰包，准备好一千瓶老干妈作为奖励，里面还包含限量版的孤品哦”，附带的图片中是腾讯被骗的证据：老干妈和QQ飞车的联名款辣椒酱。2小时不到，这则消息就成了转发破2万的“爆款”。腾讯官方知乎账号紧随其后，发布了相同的内容，1小时后就迅速登顶知乎热榜。

之后，腾讯滨海食堂当晚只提供“辣椒酱拌饭”的图片传出，图片中的食堂大屏上配有大字：今晚只有这个菜！你们以后可长点心吧！

7月1日晚上8点多，腾讯在B站发布视频《我就是那个吃了假辣椒酱的憨憨企鹅》，再度自黑：“我真是干啥啥不行，吃辣椒酱第一名。”这个视频快速冲到了热门视频排行榜第一，12小时后的播放量就超过了200万次，在当晚就刷屏了互联网人的朋友圈。

在腾讯主动带节奏之下，舆论的风向发生了变化。腾讯官方微博账号转发的微博博主乔凯文的一张图片显示了腾讯这次卖萌自黑式公关的成功。图片中，以前的腾讯是张着血盆大口催人充值的巨无霸企鹅，而今天的腾讯却是弱小无助、瑟瑟发抖的傻白甜小企鹅。

腾讯vs老干妈事件的真相到底是什么？腾讯方面为何会发生如此重大的失误？这中间是否存在腾讯工作人员的违规操作？谁该为此负责？这暴露了腾讯内部管理的什么问题？腾讯真的是傻白甜吗？一向有“南山必胜客”称号的腾讯法律部门是否强势欺人？

这些本该继续深究的问题，被腾讯用“哈哈哈哈哈哈”的吃瓜大笑给消解掉了。回顾腾讯的这一波危机公关，先在 B 站发酵，后在微博、知乎等平台进一步传播，继而出圈洗白。

这种公关手段可借鉴吗？腾讯为什么要卖萌自黑？直接原因当然是，在这种已经惊动了公检法的巨大乌龙面前，任何传统的辩解和掩饰都苍白无力，会被反噬，自嘲或许还能获取部分吃瓜群众的好感。因为在社交媒体时代，碎片化的、自传播式的网民狂欢，足以吞噬掉任何借口与勉强维持的完美形象，如果试图维持完美形象，有可能适得其反。

腾讯通过卖萌自黑化解舆情危机的做法，如果没有人戳破自然堪称完美。然而，腾讯卖萌自黑四两拨千斤的化解方式，被老对手字节跳动指出是在避重就轻。

2020 年 7 月 2 日早上，字节跳动副总裁李亮在其今日头条的个人账号上写道：“基础事实都没调查清楚，就可以直接冻结对方 1600 万元！说明这家公司已经形成了打击一切不利于它的日常思维，而且简化到连调查都懒得去调查了。”据媒体相关报道，虽然李亮的吐槽被指是不清楚法律中“诉前财产保全”的规定，随后李亮也删掉了这条动态，但他的发言依然冲上了微博热搜榜第一。腾讯卖萌自黑的化解手法，不仅字节跳动等竞争对手不满，部分网友也不买账，有网友评论：“要不是老干妈国民度高，要不是贵阳警方动作快，但凡是个稍微弱势一点的企业，不死都要脱层皮。现在不仅不道歉，反而还卖起傻白甜人设来了。”这条评论得到了上万点赞，只是这些声音与腾讯已博得普遍理解和同情的声音比，小到可以忽略不计了。

自嘲自黑化解危机已成套路

略做盘点就会发现，通过卖萌、卖惨化解危机的企业非常多，这种舆情处置手段很好用，比硬刚和一本正经地解释更能让公众买单。四两拨千斤，往往能卸掉网上的攻击力道。

自嘲式公关的类型多样，再通过几个例子总结一下相关操作。

（1）放低姿态，直接求饶。疫情期间因成了学生的上课软件而被打一星差评后，钉钉在B站发布了《钉钉本钉，在线求饶》视频。“少侠们饶命吧，大家都是我爸爸”“少侠们，是在下输了，被选中我也没办法，不要再打一星”……在这个1分44秒的视频中，钉钉叫了7次“少侠们”和3次“爸爸”。这支“鬼畜”短视频不仅收割了千万级播放量，帮钉钉化解了舆论危机，还将其送上了热搜，更让钉钉数周居于app下载榜榜首，同时拿下了DAU（日活跃用户）翻倍的成绩。

2013年“双11”购物狂欢节当日，天猫官方微博称“内裤销售200万条，连接起来有3000公里长”。这一微博发出后，有细心网友质疑其数据：“你们卖的内裤尺寸平均每条都有1.5米长吗？”进而天猫被网友群嘲。次日，天猫在微博用网络语言做出了回复：“伦家就是鸡动得昏头了好吗？来尽情地取笑我吧！数学老师对不起了！”轻松诙谐的态度赢得了众多网友的好感，成功化解了危机。

（2）通过对自家产品自黑来反向营销。利用网友一直调侃 Kindle 的用途是压泡面盖子，在 2019 年的世界读书日，Kindle 与不方便面馆合作推出了线下实体图书馆——“方便图书馆”快闪店，“盖 Kindle，面更香”的广告语直接出现在淘宝的主页推荐上，在淘宝搜索“泡面盖子”，可以出现 Kindle 的广告和有趣的弹幕。这种自黑式营销模式，借势于与品牌相关并且已经有一定话题度与影响力的“梗”，以一种娱乐化的方式塑造了一个有趣的品牌形象，拉近了品牌与消费者的距离。

（3）企业家自黑。2014 年，在印度举办的小米新品发布会上，雷军在演讲时数次说出“ Are you OK ？”，因其英文口音引全场爆笑，并在网上遭到调侃。对此，雷军连发两条微博调侃自己，称要好好学习英文。小米公关部也启动了自黑卖萌公关，在 B 站发布一系列鬼畜视频，把“ Are you OK ？”做成了网络神曲，并号召网友加入一起玩，最终调侃变成了好感。

还有周鸿祎与雷军的互联网大会照片事件。在 2015 年的第二届世界互联网大会期间，传出一张雷军“怒视”睡着的周鸿祎的照片，在不可能撤掉照片的情况下，360 的公关传播部门与网友一起给图配以各种搞笑文字，以狂欢带动群嘲，以自黑化解尴尬。

（4）企业公关部门自黑。2016 年 4 月，魏则西事件曝光后，百度陷入巨大的舆情危机，因危机公关没有达到效果，才有了“这届百度公关不行”的吐槽。而后，百度公关团队注册公众号“这届百度公关”，发表了文章《说出来你可能不信，百度公关开了一个公众号》，文中以自我调侃的方式回应百度公关所遇到的指责和批评。这种示弱的方式，果然赢得了网友的同情，从而将舆论谴责转移到娱乐上，从一个小点切入打了个形象翻身仗。

（5）文案自黑。2013 年 2 月，加多宝官方微博连发了四条主题为“对不起”的微博，并配以幼儿哭泣的图片，隐晦抗议 2013 年 1 月广州中院关于加多宝禁用相关广告语的裁定。加多宝通过微博“喊冤”，引发了上万网友的转发和评论，其中“对不起，是我们无能，卖凉茶可以，打官司不行”被网友们转发了数万次。当然，后续还有王老吉的“没关系”系列。这是自黑自嘲的精彩攻防。

有尊严地示弱

以自嘲自黑的方式处理舆情危机有几项原则。

首先，慎重考察危机内容是前提。如果企业的危机涉及公众的核心利益，比如产品质量、食品安全，抑或是人身安全或道德红线等根本问题，就不应抖机灵，否则容易适得其反。

其次，要注意把握自嘲尺度，不可低俗或进行不良引导。

最后，应选择合适的渠道，尽量覆盖更多群体，越多人加入自嘲自黑，越能让舆情危机通过狂欢化解。

自嘲式公关的第一要义还是真诚，要放低姿态与公众交流，在此基础上，诙谐幽默、自嘲自黑才有用武之地。

大家可能以为企业越大，在舆论场上就越强势，其实恰好相反。俗话说，登高易跌重，这句话放在大企业身上再合适不过了。所以大企业的公关在舆论场上说话反而小心翼翼，生怕一不小心说错话，给企业带来不良影响。实际上，大企业处理舆情危机的最好方式之一就是示弱。示弱可以弱化公众对大企业“店大欺客”的印象，有利于疏导公众情绪。

传统媒体掌控话语权的时代与社交媒体掌握话语权的时代最大的不同是——传统媒体控盘时，大机构、大企业出手控制负面消息、化解危机或许还有点可能；社交媒体时代，人人掌握话语权，控制负面消息变得难上加难。

在社交媒体时代之前，通过安抚关键媒体和舆论来一定程度地控制舆论，是很多传统机构、传统企业最习惯采用的做法。如今，如果碰到热关注事件，还想去控制舆论，一定会被舆论反噬。遇到严重的舆情事件，懂得如何道歉，不纠结事件本身，先做情感沟通，是必不可少的公关操作。

社交媒体时代，比维护形象更重要的是维护好感，这两者之间不能画等号。

自嘲自黑容易让人觉得很真实，代表企业能放下自己的身段，让消费者平视和俯视，而不是只能仰视。

社交媒体时代，在传统的危机公关义正词严、一本正经地辟谣、解释的基础上，可能还要有自黑卖萌的身段，有让大家吐槽、乐和乐和的雅量。企业不要只关注形象，还要关注情感的连接。

018

一把手应对危机是把双刃剑

企业管理者或者公关一号位的对外发言要非常谨慎，因为企业 CEO 或者公关一号位言行不当导致的舆论危机，非常常见。

比如乐歌，2022 年 10 月，有用户投诉乐歌的智能升降桌暗藏摄像头，关键是，产品并没有任何需要使用摄像头的必要，商品详情页也没有提示升降桌有摄像头。事件发酵后，解释说明 + 诚恳道歉 + 全款退货，这套标准的公关组合拳打出来，危机大概率能化解，但就在公关一通操作后，创始人兼董事长项乐宏突然喊话消费者“要思想解放，要与时俱进”，说某些自媒体“瞎搞、乱搞、造谣”“想赚我广告费”，喊话的结果是，当天乐歌股价大幅跳水。

再比如 2022 年 7 月张小泉“拍蒜刀断”危机一出，其总经理夏乾良过去的一段采访视频被网友翻了出来，加剧了张小泉菜刀的舆情危机。视频中，夏乾良表示：中国人学了几十年的切菜方式是错的，所有的米其林厨师都不是这样切的。米其林厨师之所以切的肉片更薄、黄瓜片更透明，是因为其菜刀前面有个支点，而中国人的菜刀都是方方正正的。张小泉把菜刀前面的头斜过来，那不是设计感，而是消费者教育。这段言论引发了网友的激烈讨论，显然，许多网友并不认可这种说法。不久，张小泉总经理夏乾良在个人微博账号上回应此事并道歉，并表示公司将持续从消费者的反馈中加强品牌管理、产品管理、售后服务，一定不会回避问题，认真扎实做事，努力研发更好的、更适合中国消费者的产品。

公关界都知道一句话，老板一张嘴，公关跑断腿。所以处在企业关键位置的人对外发言，一定要非常谨慎。

“泳池里都是别人的口水”

蒸发的市值或许可以涨回来，但受损的名誉、失去的粉丝就很难收回来了……社交媒体时代，人人都能写小作文、发短视频。企业负责人要清楚，一旦成为公众人物，不仅面对媒体的那一刻要注意，甚至在朋友圈这样的半公开场合，自己的一言一行都会被媒体放大，成为媒体新闻的素材。在社交媒体上说话与在公司里说话不同，上了网就是一个人在裸泳，泳池里都是别人的口水。

言语不当就是火上浇油，态度诚恳有时候也不一定能解决问题。

比如小鹏汽车的例子。2019 年，因小鹏汽车 G3 新款车型价格更优惠、续航里程更长，引发了刚买老款车型不久的老客户的不满。在老客户维权事件持续发酵期间，小鹏汽车董事长何小鹏通过微博道歉："对不起，亲爱的鹏友，让大家伤心了。"并且承诺对老客户进行相关补偿。何小鹏仓促出马却并未平复怨气，这些老客户高举"退车""谁买谁后悔"等标语在多地小鹏汽车门店抗议，致使小鹏汽车的口碑崩塌。何小鹏这张牌过早出掉，后续转圜更显被动。

企业的 CEO 在正面宣传公司业务，传递企业的使命、愿景、价值观时，出面站台没什么问题，但在许多争议事件及危机事件中，不分时机、不分场合、不分轻重地站出来，试图平息舆论、化解危机，多数情况下只能是适得其反，有害无利。

当然，也有几个 CEO 站出来成功化解危机的案例。比如，海底捞创始人张勇 2011 年就媒体报道《记者卧底"海底捞"揭秘》所做的道歉和澄清；以及 2016 年，曾承诺不会有视频贴片广告的 B 站在新番剧里出现贴片广告，引发质疑，CEO 陈睿道歉并承诺，除了特定的几部番剧，仍会做到"永不加贴片广告"。但要说的一点是，不同时机的舆论环境不同，企业不能去赌。另外，CEO 出来回应，用力越猛，越南辕北辙。除了道歉检讨，发挥空间并不是很大。

通俗点说，干好事的时候 CEO 以具象、人格化的面目出现，可以让传播有血有肉；出了问题时还是以公司形象应对为好，因为公司有人、财、物的保障。CEO 自己出来当靶子，如果拿捏分寸没那么准确，执意出来确实有点犯傻，这时候多说多错，少说少错。

注意流量的双刃

企业 CEO 出来应对危机，关键是其形象比企业容易受损，因 CEO 往往是最后一道屏障，而企业家形象往往又被等同于企业形象。直白地讲，就是毁掉容易建设难。

德国某杂志做过一项调研，数据显示有 64% 的公司高管认为企业声誉主要来自 CEO 的声誉；英国一项调研的结果也显示：有 49% 的意见领袖觉得企业 CEO 的声誉对企业声誉有决定性影响。

2024 年，车圈“卷老板”现象是一道独特的风景。越来越多的车企老板开始通过直播和短视频等方式与用户直接互动，不仅有“蔚小理”创始人李斌、何小鹏、李想，小米 CEO 雷军，哪吒联合创始人张勇（已于 2024 年 12 月离职）等造车新势力，甚至此前不常露面的长城汽车创始人魏建军、奇瑞汽车董事长尹同跃也开始频频直播。“卷老板”既体现了车企对新型营销手段的探索，也反映了车企在面对激烈竞争时不得不寻求新手段吸引用户的急迫。

然而，这种“卷老板”现象是好是坏，人们有不同看法。有人认为这是行业快速回归良性竞争的一种方式，可以推动企业不断创新和追求卓越；也有人担心这种过度营销可能会对行业造成负面影响，制造新的舆情危机。

比如哪吒联合创始人张勇的发言风波。2024年4月17日，张勇在直播中跷二郎腿的坐姿被网友截图与雷军对比，部分网友批评其坐姿“高高在上”，张勇随后发微博嘲讽网友，此番言论引发热议。4月21日，张勇发布视频回应争议并道歉。4月22日，哪吒汽车客服人员向南都记者表示，此前张勇确实在微博发了道歉视频，但目前已删除，不清楚删除原因。值得注意的是，2024年以来，张勇曾多次公开发声要改进哪吒汽车的营销传播，表示“向雷军学习营销”。

在此之前，理想汽车CEO李想的发言也引起了多方面争议，为理想汽车凭空制造出一些不必要的敌人。诸如他在社交媒体上多次发表言论，揭露新能源汽车行业的内幕，尤其是怒斥某自媒体大V的博文，引发了广泛关注；自嘲销量不行、理想NOA（导航辅助驾驶）特别“拉胯”等，虽然其意图是幽默和自黑，但被一些网友解读为阴阳怪气，甚至引发了对理想汽车销量和安全性的质疑。理想MEGA汽车销售遇冷后，李想在朋友圈发表了关于“存在有组织的违法犯罪行为”的声明，这一言论既涉及法律问题，又牵涉到了社会道德和公共利益，因此引发了更多争议和关注。

所以，对企业而言，尽管CEO有流量，但还是要慎用。

在此强调，慎用不是保守不用，是不要乱用，尤其是在舆论危机时。

理想的尺度

当前环境下，除了讲产品，CEO 自己出来向大众讲点其他内容，舆论氛围对此容忍度其实不高。

企业 CEO 在发言时一定要注意这四点：关注受众情绪，不要只讲自认为的事实；不要着急发言，要充分掌握事实和真相，了解情绪后再说；危机中一定要站在事实与道德一边；除了自己的业务，其他一定少说。

当前，许多企业有三个问题。一是 CEO 过度曝光，让全世界关注到 CEO 的过失（言多必失）。二是过度依赖 CEO，离开 CEO 不知道怎么做传播，给这类企业的药方就是，该请代言人请代言人，内部该明确发言人明确发言人。三是为了稳妥言之无物。许多企业把 CEO 当成人形立牌，这也非常不可取。

企业不妨采用新闻发言人制度，防止节外生枝。一个成熟的企业 CEO，应该与公关传播团队之间有一个基本默契，那就是公关传播团队没有审核过的文章，不署名发表；没有确认过的发言稿，不演讲；没有沟通过的采访，不参加。

不仅是 CEO，在社交媒体时代，中高层管理人员也应参加基本的公关传播培训，没有经过企业授权，不得代表企业发表言论。

FOUR

| 第四章 |

传播与品牌营销

019

感性品牌与非理性营销

以下原本价值 15 元的咖啡中，你愿意花 25 元购买哪杯？

1）来自空中厨房，专门为头等舱准备的咖啡。

2）来自优雅、精致的日式高级咖啡馆的咖啡。

3）来自英国首相官邸——唐宁街 10 号，用来招待贵宾的咖啡。

4）来自巴黎塞纳河左岸一家充满人文氛围的咖啡馆——左岸咖啡馆的咖啡。

调研结果显示，答案是左岸咖啡。

品牌的任务，就是为产品注入 10 元的溢价，可哪个群体会多掏 10 元钱呢？17 岁到 22 岁的年轻女性被锁定为目标对象，她们喜爱文学艺术，生活经验不多，喜欢跟着感觉走。相较于产品质量，她们更追求情感回报，追求能了解、表达她们内心需求的品牌。她们也是接纳力和带动力最强的人群。调研结果显示，她们最欣赏的作家是村上春树。村上的作品忧郁、超现实、冷峻，能引起都市人的共鸣。而左岸咖啡馆的广告视觉虽然非常法国化，但文案却很有日本文学的风格。

这成就了广告圈非常有名的“左岸咖啡馆”案例。其实，塞纳河畔到底有没有这样一家咖啡馆并不重要，重要的是，消费者相信真的有。好的品牌广告可以为产品注入灵魂，让人们在享用产品时多一分想象，增添享受的情趣，借此增加产品的价值，即品牌的价值。这也是看似没什么不同的产品，却能卖更高价的原因。

品牌的 12 个心理原型

人类这个物种，需要靠符号来凝结共识，靠故事来表达意义。人是符号的动物，也是故事的动物。

让品牌进入人心，一般有以下两种策略。

一种是语言钉和视觉锤。左岸咖啡馆其实就是一例。语言钉是让品牌或产品的某个词语或概念像钉子一样钉入消费者的心智，例如提到浪漫就想到法国，提到能量就想到红牛。左岸咖啡馆，就是巴黎与咖啡的连接，做出了 10 元的“浪漫”溢价。视觉锤则是通过视觉设计，让品牌或产品的视觉效果像锤子一样，快速而有力地击中用户的内心，例如看到绿色透明瓶子就想到雪碧。

另一种是利用心理原型。心理原型是指人们潜意识里的某些普遍性的形象或图像，如普通人、爱人、小丑等，品牌可以通过这些原型与消费者建立联系。品牌广告圈常会提及品牌原型理论。玛格丽特·马克和卡罗·S. 皮尔森博士通过研究各大世界知名品牌，在《如何让品牌直击人心：品牌的 12 个心理原型》中具体归纳出了 12 种原型，这 12 种原型反复出现在世界各地的传说与神话故事中，也是长久以来存在于人们心里的形象。他们借由心理原型与品牌之间的关系，建立起一套打造品牌的方法。品牌找准了原型，也就找准了自己的形象和个性，就能创造出经久不衰的品牌人设。

品牌原型理论把人类动机分为两组冲突：归属认同 vs 自我实现——人们都想要被人喜欢，想要归属于某个团体，同时又希望成为独立的个体，走出自己的路。稳定控制 vs 冒险征服——人们渴望安全感，但不时会受到企图心和征服欲的驱使，渴望走出舒适区。在品牌原型理论中，12 个心理原型可分别归类于 4 类动机（见图 4-1）。

1. 归属与享受

在归属与享受的动机区间里，有普通人、爱人、小丑三个心理原型，旨在满足人们对于接触、互动与归属的渴望。

1）普通人：强调归属与融入，体现为忠诚、脚踏实地而富有同情心。通常这类品牌的产品与人们的生活密切相关，这类品牌完全不需要故弄玄虚，因为心理原型为“普通人”的品牌大都具有朴实无华的特性，看起来很实在，容易融入多数人的生活，品牌本身能够让人产生强烈的归属感。代表品牌有小米手机、老干妈、大宝 SOD 蜜。

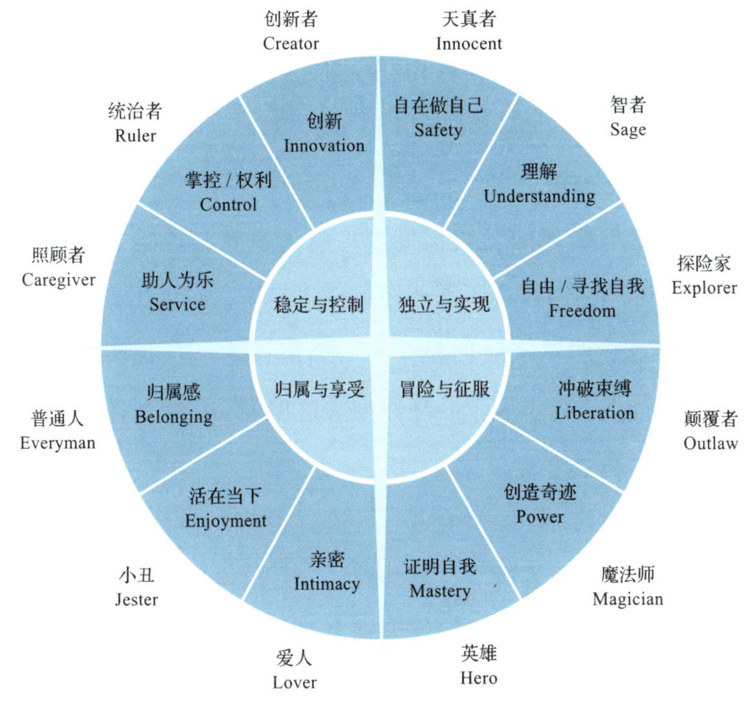

图 4-1　4 类动机和 12 个心理原型

2）爱人：以爱为出发点，渴望享受亲密感，充满热情，体贴入微。心理原型为“爱人”的品牌多是针对女性用户，涉及化妆品、珠宝、时尚和旅游业。那些展现美丽和情感吸引力的品牌，大都是“爱人型”品牌。代表品牌有德芙、哈根达斯、维多利亚的秘密、益达、蕉内。

3）小丑：又被称为搞笑鬼、弄臣，有趣可爱、崇尚享乐、活在当下，喜欢游戏、恶作剧、找乐子，愿将所有的有趣和开心带给大家。很多服务小朋友的机构和品牌习惯于将自己的品牌形象塑造成这一类型，去接近小朋友，让人们的生活变得有趣。个人消费品、食品、饮品擅长用“小丑”原型来塑造品牌。代表品牌有杜蕾斯、百事可乐、M&M’s 巧克力豆。

2. 独立与实现

在独立与实现的动机区间里，有天真者、探险家、智者三个心理原型，它们迎合了那些在物欲世界里，对人生意义不断探求的精神。心理学家亚伯拉罕·马斯洛认为，自我实现是人最高层次的需要。以下三个心理原型为这项渴望提供了不同的实现策略。

1）天真者：永葆赤子之心，追寻价值与幸福，呈现善良、乐观、忠诚、年轻等特质，通常被认为是值得信赖、可靠和诚实的，始终保持真实诚信是树立天真者形象的最好方法。针对年轻人的品牌多数使用“天真者”原型，代表品牌有迪士尼、可口可乐、麦当劳。

2）探险家：核心是对自我的探索，找寻自我、实现自我、发现自我，主动向外寻求一个更好的世界。喜欢旅行，追寻新事物，体验更真实更美好的生活，保有好奇心、企图心，忠于自己的内心。勇敢、自由、好奇心是探险家的标签，这个心理原型通常会使用在汽车品牌或者更加中性化一点的品牌上。代表品牌有

TheNorthFace、大疆、GoPro、Jeep、李维斯。

3）智者：行业的标杆、权威者，相信人类有能力学习与成长，自由独立地思考和主张自己的想法，并借此创造一个更美好的世界。这个心理原型适用于针对成功人士或有学习习惯的消费者的品牌。代表品牌有知乎、豆瓣、麦肯锡、奥美、得到app。

3. 稳定与控制

在稳定与控制的动机区间里，有照顾者、创新者、统治者三个心理原型，它们致力于解决别人的问题，让其人生尽量是可预期、安稳的。

1）照顾者：利他主义者，受热情、慷慨和助人的欲望推动，照料他人，保护他人，为他人竭尽全力。一般选择这种心理原型的都是家庭用品、母婴及医药品牌。代表品牌有帮宝适，强生、宜家、沃尔玛、脑白金、飞鹤奶粉。

2）创新者：喜欢创造、发明，重视表达自我愿景，标签是创造力和想象力，能促成真正的创新。以文化为载体的品牌通常乐于展现这方面的态度与价值。代表品牌有特斯拉、乐高、花西子。

3）统治者：喜欢控制权，乐于承担领导角色，在整个行业中处于领先地位。代表品牌有红旗汽车、奔驰、奥迪、微软。

4. 冒险与征服

在冒险与征服的动机区间里，有英雄、颠覆者、魔法师三个心理原型，其出发点是改变世界，为改变现状而愿意以身涉险。

这些心理原型对应那些一时一地有深远影响的产品与服务。

1）英雄：用勇敢来证明自己的价值，坚强、自信、大胆。目标群体是男性用户、追求男子气概的产品，如越野车、运动用品等，常用“英雄”原型或“智者”原型。代表品牌有耐克、阿迪达斯、安踏等，其 Just do it、Impossible is nothing（没有不可能）、Keep moving（永不止步）等品牌口号，非常符合英雄积极进取、追求更强、勇于行动的行事风格。

2）颠覆者：形象是破旧立新，突破常规，颠覆传统，渴望自由。代表品牌有苹果、哈雷戴维森、维珍集团、360 等。

3）魔法师：擅长转变，充满多样性，目标是让美梦成真，让生活变得多姿多彩。“魔法师型”品牌强调改变现实的神奇瞬间，相信梦想成真的力量。只要是能制造神奇瞬间，都可算是“魔法师型”品牌。代表品牌有泡泡玛特、抖音、脉动、元气森林等。

品牌如何进入脑中

心理学家荣格说，每个人的心里都有一套感知原型意象的系统，这些原型意象具有共通的本质，它们作为神话元素在世界各地存在，同时也是个人身上源自潜意识的产物。唤醒人们潜意识里的欲望，并满足人们因这些欲望而产生的需求，便是以神话原型打造深植人心的品牌，进而科学、系统地管理品牌的基本要义。心理原型为品牌定下了一个基调，能够反映品牌与消费者建立何种关系、满足消费者什么需求的初衷。品牌按照原型的设定行事，说符合原型的话，做符合原型的事。

给麦当劳、宝洁、雀巢、迪士尼做过顾问的全球首席品牌营销大师马丁·林斯特龙在《品牌洗脑》中，进一步揭示了品牌是如何进入人们脑中的，恐惧营销、性感营销、同侪压力营销、怀旧营销、代言人营销……这些都是手段，品牌运用各种办法，让人们一步步陷入其中。

恐惧营销是许多品牌常用的营销方式。贪婪和恐惧是最基本的人性。京东“618”、天猫“双 11”，都是只在一个时间段内打折，让人有种不占便宜就吃了亏的感觉，你买不买？疫情期间卖板蓝根，雾霾天卖空气净化器，保险公司推销保险，都是利用消费者对安全的恐惧；再比如减肥药、保健品等，都是利用人们害怕不健康、不美丽来进行营销。恐惧造成了人们选择的非理性，焦虑让人们盲目地听信碎片化的宣传。恐惧与焦虑的传播速度非常之快，既通过社交媒体传播，也口口相传，品牌就是利用恐惧造成的非理性选择和快速传播的特点，让人们为某种形式的安慰买单。

性感营销并不局限于杜蕾斯等品牌，其实很多生活用品品牌都在刻意引导用户，利用人们对性的渴望来营销。不管是年轻男性还是女性，内心大都渴望吸引异性，具有性暗示的广告比没有性暗示的广告更能促进消费，所以很多品牌都在有意无意地讲述一个故事：用了自己的品牌，会更有魅力，更吸引人。去屑洗发水、口香糖、内衣，等等，无不都在营造这样的氛围，让消费者觉得自己如果使用该品牌，就有可能被异性青睐，让消费者产生强烈的自我代入感。

同侪压力营销。人都有从众心理，“×亿人都在用噢”这种营销句式最有效。英国利兹大学的研究者在 2008 年做的一项实验表明：人类和其他群居动物一样，会无意识地跟随少数个体。研究发现，5% 的“知情个体”能让另外 95% 的人无意识地跟在后面走。我们习惯于被连接到一种集体意识中，通过判断他人的做法，从而相应地修正自己的行动和行为。品牌会利用别人有而你没有的压力促使你赶快下单。在各大平台的页面上总会有各种推荐和榜单，让你不知不觉地陷入了某种别人有我也得有的欲念当中，平台和品牌想让你意识到，不买这些东西，你可能就落伍了。大数据的兴起让你更加赤裸裸地暴露在了品牌面前，品牌追踪和分析你的消费行为，然后依靠得出的数据来影响你的购买行为。

怀旧营销。专家已经证明，人们倾向于活在过去，人们的大脑喜欢这样。很多品牌善于利用人们对过去的依恋来营销。儿子吹熄第一根生日蜡烛的瞬间，女儿接过大学毕业证书的那一刻，和爱人结婚牵手的那一天……品牌会营造一种怀旧氛围，让你相信通过拥有这些东西，就可以留住美好的记忆。比如回力运动鞋的营销。回力作为一个 1927 年就创立的品牌，距今已有近百年历史。回力运动鞋曾因市场上诸多新兴运动鞋品牌的发展而沉寂，但最近几年，回力成功抓住了运动消费市场的复古潮流与老字号情怀风潮，主打怀旧营销，让这个百年品牌重回公众视野，产品销量呈现上升趋势。

代言人营销。名人代言的作用显而易见。研究者让24位女性看40张不同女性的彩色照片，这40位女性有些是名人有些是普通人。研究者在这个过程中扫描了被试者的大脑。结果显示，当她们看到名人的照片时，大脑中与喜爱之情有关的部位（内侧前额叶皮层）就会变得活跃，而看到非名人的照片时，就没有这样的反应。实践证明，找名人代言是切实有效的。很多时候，在人生的不同阶段，名人意味着榜样和动力。这种喜好并非不好，毕竟在人生的很多阶段，我们都需要榜样去激励自己，当然，这也就给了品牌机会。

品牌选择代言人营销手段，未必一定要选择明星，代言人可以是行业专家，可以是KOL，甚至是公司老板，视具体情况而定。

品牌成瘾

马丁·林斯特龙指出，菲利普·莫里斯公司将对品牌成瘾分为两个阶段。第一阶段叫“日常阶段”，在这个阶段中，人们把某些品牌或产品看作是日常生活的一部分，这是生活必需品。第二阶段叫“梦想阶段”，人们买东西——新裙子、新耳机、新香水，不是因为需要它们，而是因为关于这些产品的情感信号渗入了人们的大脑。

我们何时会进入梦想阶段？通常是我们放松的时候。在周一到周四的忙碌焦虑中，我们很少为感觉付费。就像脱口秀大会选手所说，工作日看脱口秀都不像周五周六那样开怀大笑，一般综艺节目也不会在这个时间段上线。但是当周末临近，褪下疲惫的外衣时，我们对梦想阶段的诱惑就开始失去抵抗力。健康、希望、幸福、信念、纯净、好运，甚至还有灵魂的提升，都会来刺激我们的购买欲望。品牌有时就是这样，让人们坠入其中，渐渐失去理性。

马丁·林斯特龙说，亚洲人是全世界最容易被洗脑的，一个男人拥有五六块昂贵的瑞士手表，或者一个女人省吃俭用就为买一双普拉达的鞋子、一条项链或一个大牌包包，都再正常不过。

早 8 点到 10 点之间，是最容易被他人影响、说服、建议的时段。因为我们刚从梦中醒来，尚未接触到营销信息，我们的“过滤器”还没被激活。

在此想告诉大家，作为运营者，要懂得品牌营销如何做；作为普通消费者，要留意避免掉入某些品牌过度营销的陷阱。消费选择终归由我们自己决定，希望我们能为真正的需要买单。

020

消费时代之变与代际营销

好的市场营销，离不开对时代与世代的精准洞察，没有时代视角及受众洞察，很难做出好的营销。受众的变化，人群喜好的变化，行业的变化，一直在悄然发生，刻舟求剑，缘木求鱼，很可能差之毫厘、谬以千里。

疫情过后，社会消费进入复杂时代。日本社会观察家三浦展说："大的灾难过后，人们的生活方式会发生变化。"人们从原来的追捧时尚流行、大牌奢侈品的消费观，转向注重自身需求、产品质量和舒适度上。

消费时代的更替

为了便于理解消费时代变化的脉络，我套用日本作家三浦展在《第四消费时代》中对日本四个消费时代的划分视角，来梳理中国改革开放后不同消费时代的演进及其内涵变化。

第一消费时代，1978～1992 年，改革开放初期，商品经济气息逐渐浓郁，但商品依然紧缺。人口开始向北京、上海等城市持续汇聚，促进了城市地区的消费增长，消费重心从农业转向轻工业。

20 世纪 70 年代末，在改革开放的推动下，人们的生活条件进一步改善。当时家境不错的人家结婚时需要“三大件”：手表、自行车、缝纫机。另外，算上收音机，合称“三转一响”。随着改革开放深化，人们收入明显增加，自行车、缝纫机和收音机这些曾经让一代人因拥有它们而倍感骄傲的三大件，已变得不再稀奇。家庭建设开始向电气化迈进，追求的“三大件”又变成了冰箱、彩电、洗衣机。

这个阶段，能真正享受到这些商品的，起初还仅限于城市中产阶层，其他大部分人还处于收入水平较低的状态。这时候的企业不需要营销与公关，因为商品供不应求。

第二消费时代，1992～2012 年，随着社会主义市场经济体制的基本建立，城市化进程在全国推进，经济快速发展。这个阶段的消费主体大多以家庭为单位，消费的最大特征就是家用电器开始批量生产，进入寻常百姓家，消费者的需求大众化、标准化。这个阶段，功能性广告盛行，许多企业的营销套路是投放央视广告，营销简单粗暴，强曝光就是利器。

随着社会主义市场经济体制的建立和发展，人们的生活水平快速提升，家庭建设向新的现代化目标迈进，三大件又变成了空调、录像机、电脑。

1998 年起，进入了住房市场化时代，跟房子有关的支出迅速增长，如果谁较早地买了房子，那真的是挣到了时代的红利。随着互联网逐渐普及，社会进入高科技发展时代，家庭消费也随之向科技化和高消费迈进。三大件变成了“房子、车子、票子”。其中，房子是重中之重。

第三消费时代，由 2012 年智能手机全面普及开始，伴随着 4G 无线互联网来临，O2O 兴起，网上购物火爆，外卖火起来……消费主体由第一消费时代的“集体性”、第二消费时代的“家庭性”，来到了第三消费时代的“个人性”。作为消费主力的 Z 世代，一方面面对商家无孔不入的广告诱惑，一方面拥有远比父辈们富足的物质基础，自然在消费理念上更超前、更大胆。

所有这一切，与技术革新密不可分。以大数据、云计算、人工智能等为代表的新一代信息技术的发展，有力地支撑了人们开展新的消费活动。新需求也孕育出了新的消费方式，如信用消费兴起。据艾媒咨询的研究结果，2014～2019 年，中国在线分期消费市场年复合增长率达到 176%，蚂蚁、微众、分期乐崛起；电商群雄逐鹿，小红书、唯品会、得物、拼多多等在淘宝、京东的缝隙中生长出来。

这时的企业营销与公关，强推方式已进化为互动方式，甚至是用户生成方式。

第四消费时代始于 2020 年，人们更加注重性价比，消费更为理性。以前的伪精致、高配思维，现在变成了攒钱、追求性价比，年轻人的消费观念开始转变。这一转变主要体现为以下几点。

攒钱意识增强。疫情给年轻人带来了经济上的压力和不确定性，使得更多人开始重视储蓄。一部分年轻人意识到合理储蓄是生活不可或缺的必需品，而不能仅仅追求眼前的消费满足。

追求性价比和平价替代品。在消费领域，年轻人开始更加理性地看待消费，不再轻易为品牌溢价买单。他们更倾向于寻找性价比高的平价替代品，即“平替”产品。这种消费行为的变化反映了一种以俭代奢、量入为出的“有度”消费观的回归。

拒绝过度消费和伪精致。疫情后，一部分年轻人开始反思过去的消费行为，逐渐脱离消费主义的裹挟。他们不再盲目追求所谓的“伪精致”生活，而是更加注重实际需求和生活质量。

回归个体视角的消费观。在移动互联网时代，年轻人的消费行为开始回归个体视角，他们经常审视自身的消费观，追求“把钱用在刀刃上”。这种变化体现了从社会群体认同到自我认同的转变。

人们开始重新审视生活和财富的意义，不再迷恋通过消费实现个人价值，不再注重物质上的攀比和享受，而是理性地选择简单、去品牌化、性价比高的商品。

消费者的代际营销

一代人有一代人的印记。

营销不仅要关注消费时代的变迁，也要关注不同年龄段的消费者群体的特点。代际营销作为一种市场营销策略，正引起越来越多的品牌的重视。随着消费时代的演进与消费者群体的多元化，传统市场营销方式效果有限，企业迫切需要更加精准、个性化的方法来与不同年龄段的消费者进行互动。代际营销不仅关注产品本身的特点，更注重在产品与不同年龄、背景、价值观的消费者之间建立联系，从而让产品在激烈的竞争中脱颖而出。

无论是面向X世代、Y世代（千禧一代）还是Z世代，代际营销都有助于品牌在不同年龄段的消费者中建立起强大的影响力。代际营销策略在不同代际群体中的差异，是基于不同年龄段人群的特点、需求和价值观来制定的。

1. X世代（出生在1965年至1980年之间）

X世代面对的是一个快速变化的社会环境。与之前的世代相比，他们感受到了社会和技术的快速进步所带来的冲击和变化。这个世代的人大多自信、乐观、坦率、有主见、见识广，这部分人群中，许多人依然有比较节俭的消费习惯。

结合X世代的特点，可以从以下几个角度去培养他们的消费习惯。

设置折扣，培养忠诚度。X世代对折扣的敏感性高，在电商平台上，可以通过发放新人优惠券，给予有吸引力的首单折扣等方式吸引X世代成为新客户，并通过给予持续性的专场折扣培养他们成为忠实客户。另外，可以针对流失一段时间的客户定向发放回流优惠券，设置复购奖励，如第二单优惠等。

维护评论区。X 世代习惯先看评论再消费，其他用户的评论可以提高他们对产品和服务的信任度。因此可以在保证真实评价的前提下鼓励老客户写评论，并及时给予回复，以提升 X 世代对产品的信任度。

创建个性化的交流氛围。选择贴近日常生活的场景作为切入点，降低销售的目的性，以符合 X 世代的购物偏好。

增加怀旧元素。巨大的世代变革让 X 世代喜欢怀旧，营销策略中添加一些怀旧元素，如相关主题的老照片或老歌，可以引起他们的共鸣，进而提升其消费频次。

2. Y 世代（出生在 1981 年至 1996 年之间，也被称为千禧一代）

Y 世代的成长时期几乎与互联网、计算机科学的形成和高速发展时期相吻合。这一代人由于成长环境与其父辈不同，形成了带有群体性差异的消费观念，而且他们与更为年轻的 Z 世代在消费习惯和技术使用上也有所不同。Y 世代在全球范围内对经济和文化有着显著的影响。例如，他们被认为是未来消费增长的主要贡献者，其消费需求更加凸显个人偏好。他们善于使用技术，注重个人表达，关注社会责任议题。

Y 世代的消费特征主要包括个人自由、互联网依赖、定制化需求、对企业行事正直的要求。

个人自由。Y 世代在购买行为上强调个人自由，他们要求亲自选购商品，不喜欢被限制选择。有报道称，许多年轻人在商店排队退货父母送的礼物，因为他们不喜欢这些礼物。这体现了他们对自由选择的重视。

互联网依赖。Y 世代成长于互联网时代，他们的购买行为依赖互联网。他们勇于发表意见，喜欢与人分享购物体验，这种特质影响了企业的宣传策略，企业需要更加注重产品质量和服务。

定制化需求。Y 世代倾向于选择个性化的产品，要求产品能够贴合个人心意，而不是传统的标准化产品。

对企业行事正直的要求。Y 世代对企业有更高的要求，包括要求企业行为正直。如果企业裁员，或者发生其他引发负面舆情的行为，可能会被视为无良企业，导致 Y 世代拒绝光顾。他们在选择产品和服务时，不仅看重产品的质量和功能，而且关注企业的社会责任感和道德行为。

3. Z 世代（出生在 1997 年至 2012 年之间）

Z 世代成长于数字技术全面普及的时代，更注重多样性、包容性，追求个性化的体验。他们受教育程度普遍更高，个性张扬，注重消费体验，消费品质高。Z 世代的文化特点主要包括，他们对“国风”等传统文化的热爱，以及将传统元素融入现代时尚中的趋势。

Z 世代的消费特征主要体现在自信和个性、包容性、网络化和颜值控、文化认同和兴趣驱动、热衷国潮和沉浸式娱乐等方面。

自信和个性。Z 世代表现出高度的自信，这种自信主要来源于国家和民族的强盛，以及对民族品牌的高度信任。追求个性、崇尚品质、遵从兴趣，这是 Z 世代基本的生活观念和消费理念。

包容性。Z 世代是非常睿智和包容的一代人，他们认可并尊重老字号品牌，同时也热爱二次元文化；特立独行的同时，喜欢在偏好的社群中展现自己。

网络化和颜值控。Z 世代的消费行为具有网络化的特征，以线上消费为主，线下消费行为越来越少。他们追求商品的“美”，即颜值。

文化认同和兴趣驱动。Z 世代在消费行为上表现出文化认同和兴趣驱动的特点，比如购买盲盒、手办、汉服等。他们突破审美的局限，将“悦他”变成“悦己”。

热衷国潮和沉浸式娱乐。物质文化的飞速发展，传统文化的复兴，让 Z 世代拥有很强的文化自信，他们喜欢有传统文化元素的商品，喜欢国潮品牌，他们的娱乐偏向体验“沉浸”和“共情”，因此脱口秀、剧本杀、密室逃脱、轰趴等成为他们喜欢的线下娱乐活动，也是员工年龄相对年轻的公司团建的首选。

Z 世代热爱探索生活，乐于帮助他人、共享快乐、获得内心的平静与幸福。Z 世代是认可并接受付费的一代，他们具有独特的消费品位和消费特质，强调与物品之间的互动，并具有批判性思维。在消费文化的符号创制和符号交换中，他们追求的不仅仅是一种丰富的生活，更是建构在网络媒介和时尚符号上的生活。

此外，他们喜欢性价比高的产品；物质生活越丰富，他们越会在精神生活上花费更多。

如果产品定位为各个年龄段通用，那么广泛的市场吸引力就很关键，产品设计时需要考虑兼顾各个年龄段消费者的需求。如果产品定位更聚焦于单一年龄段市场，那么在产品设计初期，就应该考虑该群体的核心诉求。

没有适用于所有品牌的固定策略，差异化很关键。有时候如何实现差异化可能需要市场调研或者专业咨询公司支持，辅助企业管理者权衡不同的因素后做出选择。

在市场中，品牌对各年龄段消费者需求的满足情况，决定了营销策略的成功与否。随着时代变化，代际差异也在不断演变，尤其是现在 AI 的爆火带来的新机遇和挑战，让代际差异变得更复杂。品牌需要保持敏感性，迭代认知，才能在变革中持续赢得不同年龄段消费者的心。

无论是引发情感共鸣的品牌故事、多样化的社交媒体互动，还是个性化的产品和服务，代际营销都将成为品牌实现成功的重要一环，为品牌创造持久的价值和影响力。

021

品牌从故事开始

关于茅台酒是如何名扬四海的，有一个广为流传的故事。1915 年，茅台酒在巴拿马参加万国博览会，因包装过于简陋而无人问津，现场工作人员急中生智，假装不小心将酒坛打翻在地，顿时醇厚的酒香四溢，引来众多嘉宾品鉴，茅台酒因此夺冠。这个故事已被证伪，然而它的传播已让茅台酒高品质的形象深入人心。尽管汾酒曾澄清自己才是 1915 年巴拿马万国博览会甲等大奖章的获得者，但人们对茅台的故事早已耳熟能详，很难纠正已有认知。

同样是冰糖橙，为何单单褚橙大受追捧？因为励志橙的故事深入人心：古稀之年的老人，承包了 2000 多亩地种橙子再创业。橙子挂果要 6 年，解决口感要 4 年，这个已经跌到人生低谷的老人，却仿佛忘却了时间，投身于种橙事业中。74 岁再创业，10 年终于种出好橙子的励志故事，随着褚橙进京传遍了全国各地，故事打动了消费者，褚橙也随之热销。不少褚橙的消费者在网上留言说，买褚橙并不是想吃橙子，买的是褚老的励志精神。

这些极具穿透力和传播力的故事，让品牌成为传奇，拥有了最持久的生命力。

故事是有脚的，会走到每一个角落

前面章节我们讲到如何讲好一个故事，是从故事传播的角度去解读的，这一节我们将从故事的载体——品牌去阐述不同类型的品牌故事。

历史学家、《人类简史》《未来简史》的作者尤瓦尔·诺亚·赫拉利说，哺乳动物之中，唯有人类能与无数陌生个体展开合作，这是因为，只有人类能编故事，并将其四处传播。

有细节、个性、情绪的品牌故事，能够让品牌在用户心中留下更深刻的印象。品牌故事可以从创业故事、员工故事、产品故事、用户故事、合作伙伴故事等维度来讲述，让故事在用户的头脑中生根发芽。

常见的品牌故事有四种类型。

1. 创始人的经历故事

这一类故事通常都是从讲述创业初心开始的。为什么创立这个品牌？有什么打动人心的故事？品牌名字源于什么？品牌标志设计有什么特别之处？以此可以展现创业的初心和坚守，从而赢得顾客认同。

比如前面讲过的褚时健的故事。

比如360公司。360公司的成立源于周鸿祎在3721卖给雅虎后，做搜索的执念。做360免费杀毒软件，源于老周本人内心的自我救赎和英雄情结——他推出3721插件模式后，有了大批模仿者，出现了大批流氓软件，强制安装、乱弹广告，网民苦不堪言。3721本是他一个朴素的梦想，让中文世界的人上网更方便，但后来梦想成了其梦魇。周鸿祎想要亲手合上这个由他打开的潘多拉盒子，于是他组建了一个小团队，开始做流氓软件查杀。做360儿童手表，源于他看到许多父母在寻找丢失的孩子，他决心要做点什么。做360摄像头，源于他自己没办法陪伴在国外上学的孩子，而生出的要打造一款产品的想法。

比如美赞臣。美赞臣奶粉的创始人爱德华·美赞臣，他的长子患先天性心脏病，严重影响进食，后来"美国儿科之父"雅各布医生配制的婴儿食方让孩子转危为安。于是他以此为基础创办了婴幼儿奶粉品牌。

比如李维斯（Levi's)。根据李维斯对自己品牌标志的解释，1873年，裁缝雅各布·戴维斯和商人李维·斯特劳斯用铆钉结合结实布料的方法发明了第一条牛仔裤，他们需要让客户知道牛仔裤到底多耐磨、多棒。于是，他们用一个标志来诠释牛仔裤的韧性：两匹马向两个方向拉扯一条牛仔裤，想要撕开它。设计品牌标志还有一个原因：美国西部并不是每个人都识字，所以用一个标志性图片让他们记住，客户走进商店只要说“两匹马拉一条裤子”，那么他们就能买到李维斯牛仔裤。实际上在 1928 年之前，李维斯都叫作“双马牌”，它向人们传达了关于牛仔裤的一条简单却又重要的信息。

比如分期乐。肖文杰关注到有刚上班的年轻人即使四处借钱也要买部智能手机，如果买手机能分期付款，那岂不是就不必如此困难；加之他回想起自己刚工作时新买的诺基亚手机被偷，只能省吃俭用几个月攒钱买新手机。决定创业时，他从腾讯财付通离职，创办分期购物平台“分期乐商城”——中国最早的分期电商平台。他认为年轻人群体虽然资金有限，但“莫欺少年穷”，金钱不应该成为他们成长的障碍，应该有一种灵活的支付方式，让年轻人既不受金钱之困，从容应对生活，又能有度生活，过更好的人生。

2. 产品的故事

这类故事通常讲述产品是如何被生产研发出来的，揭秘原料发现、产品生产背后的秘密。为了提升可信度，通常会介绍其专利技术、研发人员（比如科学家，甚至有些企业请诺贝尔奖获得者做顾问）等。

比如光明莫斯利安酸奶。如果不了解这个酸奶的研发故事，你很可能不知道这个名字来自知名的保加利亚长寿村——莫斯利安村，世界五大长寿村之一。莫斯利安村的人爱喝自酿的酸奶，诺贝尔奖获得者梅契尼科夫发现，当地人的健康与长期饮用自酿酸奶有着密切关系。因此光明莫斯利安酸奶的品牌故事就围绕长寿村的长寿秘密——莫斯利安酸奶展开，讲这个酸奶的菌种来自莫斯利安当地自酿酸奶。光明以此开创了中国常温酸奶品牌。

比如 SK-II。其产品研发故事是，20 世纪 70 年代，科学家们在参观日本一家清酒厂的工艺流程时，发现当值员工脸上布满皱纹，看上去年龄不小了，但双手却细腻光滑，与面部皮肤明显不同。于是有人敏锐地意识到，在这名员工每天接触的发酵液中，藏着延缓衰老的秘密。后来，科学家们果然从中提炼出了一种神奇的酵母发酵滤液 Pitera，1980 年它被正式纳入 SK-II 产品线，首款明星产品“神仙水”由此诞生。

3. 与用户关联的故事

用户故事是一个通过用户的眼睛展示品牌的机会。人们喜欢听关于别人的故事，这可以让他们产生共鸣。用户故事有助于进一步使品牌人性化，并表明你了解客户的需求、愿景和痛点。它们也提供了社会证明，证明品牌是值得信赖、可以依靠的。

在乐信打造品牌的过程中，最为重要的一项工作，就是每年挖掘、整理、拍摄很多用户故事。分期乐 2 亿多用户背后，是一个个或温情、或甜蜜、或励志的凡人故事。他们当中，有刚刚步入社会的职场新人，通过分期付款方式参加培训，努力提升自己；有热衷探索的有志青年，借助分期付款尝试新事物，将爱好变成职业新可能；有准备成家立业的工薪一族，通过借款缓解买房之后接踵而至的装修压力；也有走向创业的小店主，靠乐信普惠额度缓解资金周转压力，努力在陌生的城市为三口小家撑起一片未来。这些故事，都是分期乐的品牌资产与品牌沉淀。

传奇故事对于品牌知名度和影响力的提升有着巨大的帮助，如著名的泰坦尼克号上的LV（路易威登）皮箱的故事。1912年，豪华邮轮泰坦尼克号因撞上冰山沉没海底，号称20世纪最惨烈海难。100多年后，人们从遇难区域打捞到一个沉睡在海底多年的LV硬质皮箱，经过海水百年的侵蚀，箱子受到压力已经变形走样，但箱子内部竟然没有渗进半滴海水，里面的物品也基本没有受到损坏。随着泰坦尼克号凄美的故事传遍世界，这个皮箱也闻名于世，这个故事令LV名声大振。

4. 产品的历史渊源和产地文化故事

这种类型的品牌故事在酒、饮用水、茶叶、奢侈品、汽车品牌中是最常见的，一些历史悠久的品牌很适合这种方式。有些不适合讲科技的品牌，也需要从文化或历史中找关联。

1）名字由来

比如德芙。1919年的卢森堡，一个厨师与公主芭莎相遇，为她制作了覆满热巧克力的冰激凌，俩人互生情愫。后来，公主被要求远嫁联姻，临行之际，她与厨师告别，希望厨师能挽留他。厨师没说话，而是在巧克力上刻下了“Do you love me”的缩写“DOVE”来表达爱意。结果，巧克力融化了，公主没有看到文字，心灰意冷，远嫁他国。多年后，两人重逢，解开误会。只是三天后，芭莎带着遗憾离开了人世。如果当年的巧克力没有融化，结局就不会这般。悲伤的厨师研制出了一种固体巧克力，为纪念这段爱情，他在每块巧克力上都刻上了“DOVE”。

2）民风民俗

中国地理标志产品户县葡萄，产于文王故里、汉唐京畿、全真祖庭重阳宫所在地、秦岭北麓、农民画之乡。户县葡萄的品牌故事设计了这样的场景：白天种植葡萄，晚上画农民画。户县（今称鄠邑区）选用农民画、户县鼓舞、道教文化等当地特有的符号元素，推出民俗特色礼盒，突出了品牌定位“户县葡萄，农作艺术品”，叫响了户县葡萄“粒粒香甜醉秦岭”的广告语。

3）历史渊源

品牌悠久、独特的历史是讲品牌故事最重要的素材来源。

比如依云矿泉水的故事。1789 年，法国爆发大革命，一名贵族被迫流亡，到达阿尔卑斯山腹地的一个小镇——依云。这名贵族患有肾结石，在喝了一段时间当地的水后，他的肾结石竟然不治而愈。故事流传开来，许多人慕名前来取水，从此依云水名声大噪，经过多年发展，成为国际知名品牌。

比如国窖 1573。泸州老窖的 1573 国宝窖池群于 1996 年被国务院确定为全国重点文物保护单位，泸州老窖酒传统酿制技艺又是首批国家级非物质文化遗产，这两个国家授予的金字招牌，是国窖 1573 最大的底蕴支持。

这一类故事追溯产品悠久的历史和产地文化，用时空的厚重感赋予产品价值。当然，故事最好有文献记载进行佐证，有皇室贵族、文人雅士、才子佳人增光添彩。白酒、茶叶、奢侈品品牌都特别喜欢讲这一类故事。

没有故事的品牌是平庸的

品牌喜欢讲故事，而没有属于自己的故事的品牌终将是平庸的——在营销大师菲利普·科特勒看来，吸引目标消费者的关键法则就是讲述一个与品牌理念相契合的好故事。

《2024 年中国广告主营销趋势调查》显示，在广告主看重的内容营销类型中，“品牌故事”排第三位，得到了 86% 的广告主的青睐。在营销推广预算有限，但要办更多的事，得到更好的结果，以抵御不确定的市场环境的情况下，仍有许多品牌选择通过讲故事来传递品牌精神。

故事具有天生的吸“金”力。

假设有一家面包店，一种面包的包装上印了配方故事，是一位疼爱孙子的老奶奶经过多次尝试后做出来的，口感深受孙子喜爱；另一种面包则是工业化生产的，平平无奇。那么在这两款面包价格差不多的情况下，老奶奶配方款会比另外一款销量好。现在人们追求“古法、纯手工”打造，一件纯手工研磨的玉器，一定比量产玉器更值钱。几乎所有知名品牌都有自己的故事，这些故事彰显了品牌的个性，让消费者相信自己是有格调之人。

故事贴近人性，是让产品与人产生联系的最好途径。在高度同质化的时代，一则鲜亮的故事，就可能成为品牌的一面旗帜。

“在家编故事，出门讲故事，见人卖故事”成为营销界的真知，实不为过。

亚里士多德说，我们无法通过智力去影响别人，而情感却能做到这一点。人类是情绪化的动物，而讲故事的目的就在于放大用户情绪，引起共鸣，建立联系。在任何想要激发对方情感的场合，我们都需要故事，因为只有通过故事，才可能建立人与人之间的情感连接，打动对方的心灵，让对方站在你这边。以故事的形式传递品牌信息，是一种更易被用户接受的沟通方式。

其实没有人会被赤裸裸的事实吸引

北京时间 2012 年 12 月 8 日凌晨，2012 年诺贝尔文学奖获得者、中国作家莫言身着中山装，面对 200 多名中外听众，在瑞典学院发表文学演讲，主题为“讲故事的人”。莫言在演讲开始前说：“瑞典学院常务秘书的夫人生了一个小女孩儿，这是一个美丽故事的开端。”对新生命诞生的祝贺，开启了莫言此次文学演讲的内容。接下来的故事，围绕对母亲的追忆，对学习、生活、创作的故事展开。在长久热烈的掌声中，莫言结束了与自己创作有渊源的事和人的故事。嘉宾们被莫言的故事感动，听众集体起立鼓掌长达一分钟。外媒评价，其演讲简简单单，却透彻心扉。

畅销书作家丹尼尔·平克曾说：“讲故事将会成为 21 世纪最应具备的基本技能之一。”要掌握讲故事的能力，就要找到学习这种能力的方法。毕竟，一个能够对别人产生影响的故事，总是有套路可循的。

品牌故事首先要是一个故事，其核心叙事要讲清楚品牌的起源、历程、核心价值、使命、愿景和与之相关的人物或事件，致力于建立品牌的情感基础和价值认同。

公司如何成立、专利技术、获奖荣耀、历史血统、企业文化等，这些是品牌信息，也许对经销商有背书效果，但并非品牌故事，离触动消费者还很远。单纯的品牌信息讲述缺少微观构建，没人物、没故事；陈述内容偏宏大空洞的概念，不见具体的事件和角色。

一个优秀的品牌叙事，应当既有宏观愿景也有微观构建：有人物，有冲突，有细节，有摆脱困境的螺旋上升……在故事模板基础之上融入与品牌相关的元素——起源、创始人、产品研发、品牌用户，等等。

“事实”赤裸裸地来到人间，繁杂而琐碎，以自己为中心；而“故事”的讲述目的在于与人沟通。“故事”给“事实”穿上漂亮的长袍，一起走向人间，当然很受欢迎了。

最后，关于品牌故事撰写，有几点注意事项提醒如下。

1）现有的大多数品牌故事不是故事，只是介绍。

2）不要在品牌故事里介绍产品，要说的是做产品的精神。

3）品牌故事配的照片里，要有人。

4）好的品牌故事，往往让你感觉到“这跟我很有关系”。

022

企业为什么爱造节日

自从天猫打响“双 11 购物狂欢节”，京东推出“618 品质狂欢节”以来，各大品牌在造节日的路上越走越远。小米的米粉节、分期乐的分期购物节，年货节、女神节、吃货节、特卖节……

不难发现，许多企业都在打造自己的节日。

越来越多的企业加入造节日的狂欢，商家每次推出优惠活动，本质上都是希望通过这种方式吸引流量，引导用户将积累一段时间的购买需求集中到购物节期间爆发，提升销量。而成功的节日打造与节日营销，无疑可以给企业带来知名度和销量的提升。

“造节日”成了新商业和新生活的基础配置，被节日所裹挟成为常态。造节日运动透露出的是消费者对仪式感渴求、追随和共建的情感。造节日本身也是品牌与用户沟通的方法、手段，它正成为用户运营管理的重要机制。

对每一个个体而言，节日同样也是一种需求的体现：购物者就应该有购物者的节日，吃货就应该有吃货的节日，德扑玩家就应该有德扑玩家的节日，户外达人就应该有户外达人的节日……对于每一个节日，“签到”就是人们的应和，人们需要一种仪式感、存在理由及符号。

秦皇岛阿那亚小镇的火爆，与最初阿那亚戏剧节的筹办，以及后来阿那亚风筝冲浪节、海浪电影周、沙滩音乐节等活动的持续运营密不可分。其吸引力绝不仅仅是因为地理位置和建筑风格，更是因为通过持续的文化运营，形成了独特的社区精神和文化，从而吸引了越来越多的年轻人前来体验和生活。这比许多房地产商要高明很多——后者没有内容，没有文化或精神，房子就是一堆房子。

瑞士心理学家卡尔·古斯塔夫·荣格提出的集体潜意识（或称集体无意识），指人类在漫长的进化过程中，通过遗传获得了一种精神沉积物，这些精神沉积物在个体一生中通常不会被意识到，但却是人类普遍拥有的。它们包含了人类共同的心理需求和体验、价值观和信念。这些精神沉积物通过文化传承影响着群体的行为模式和社会规范，尽管它们处于潜意识的最底层，但无时不在寻求表现，会通过宗教、神话、艺术、节日等形式表现出来。

罗伯特·西奥迪尼将这种对节日、文化活动的参与热情，称为固定行为模式。

作为精神沉积物的表征的节日，如春节、端午节、中秋节、情人节、清明节……无论哪一个节日，都已成为人们的一种精神依恋，即使身在千里之外，也依然执着奔赴。

为什么造节日

为什么造节日的效果这么好？这要从消费习惯说起。国内消费者有在节日集中消费的习惯，但传统节日有特定的商品消费，无法惠及所有品类。于是电商通过造节日，为消费者创造消费的理由——限时折扣，把想要的东西买回家。

为了最大程度调动消费者的购物冲动，平台联合商家推出促销政策，促成消费者下单。联合促销的优势在于集中力量，在社交舆论场上产生声量巨大的宣传效果。消费者哪怕原本没有购买意愿，在这种氛围下也会忍不住关注折扣活动，产生额外的消费。

通过自发将非约定俗成的日子打造成节日来进行宣传或促销，众多商家尝到了甜头。企业造节日，一般从以下几点出发。

1. 聚集流量，提升销量

“有节过节，没节造节”本就是传统零售行业的营销法宝。借节日的名义做活动、搞促销，通过降价的方式来吸引流量，刺激顾客买买买来提升销量。

2. 打造 IP，强化连接

造节日不仅仅是为了促进买卖，它本身就是品牌与用户的沟通方式，也是品牌做好用户运营的重要手段。麦当劳的“让我们好在一起”、小米的米粉节等，都可以帮助品牌构建起一个围绕品牌的粉丝圈层，并且形成紧密的关系与黏性。

造节日通过打造 IP，强化了品牌认知。就如“双 11”“618”，带动了很多线上平台甚至线下门店参与，但一提及，大家都知道这是源自天猫和京东的活动，这就是它们独有的 IP。

3. 满足消费者对仪式感的渴求

索尔斯坦·邦德·凡伯伦在《有闲阶级论》中提到，消费活动分两种，一种是功能性消费，一种是仪式性消费。企业热衷于造节日实际上源于消费者对仪式感和文化认同的追求。通过特定、稀缺的时间限制和特定的圈层，企业打造的节日赋予了消费者充满仪式感的专属礼遇，让消费者认为，这些节日是“为我而来，为我而生”。

怎么才能成功造节日

一个成功的节日，基本包含以下四点。

第一，需要指向一个特定的文化表达，形成足够聚焦的黏性和情感连接。比如“双 11”，其日期的选择就比其他电商节要好，营销和谈恋爱表白一样，信息传递要讲究时机，要挑个好日子。

造节日选日子，基本上就是两种选择，一种是选择易记（谐音）的，另一种是选择企业某个特殊纪念日。“双 11”原来是“光棍节”，后来被天猫改为“双 11”购物节；其他如“517 吃货节”“520 网络情人节”“1212 要爱要爱节”，基本上都是通过谐音来造节日。

再有像京东“618”购物节，6 月 18 日是京东店庆日，如今“618”已经成了与“双 11”遥相呼应的又一全民网购狂欢节。

第二，需要有可期待的“签到”机制。节日背后对应的是符号、仪式、道具。同样，品牌要造节日，就要制造相应的仪式或符号，比如天猫“双 11”有一个晚会，有各种福利、活动、玩法。比如西贝在情人节推出“西贝亲嘴打折节”活动，无论是同性之间还是异性之间，顾客亲吻 10 秒就可以打折。

第三，需要基于特定时间点的稀缺性。比如，“三八妇女节”被称为“女神节”，而妇女节前一天的 3 月 7 日则称为“女生节”。在品牌与商家的包装下，这两天已成为女性的专属节日，商家纷纷推出“女王节”“蝴蝶节”“闺蜜节”……瞄准 10 万亿“她经济”市场。

第四，需要完成真正意义上可扩展、可铭记的情感表达。如父亲节、母亲节、情人节、感恩节、圣诞节、元旦、春节……每一个都是商家的黄金节日。线上线下的许多商家都会在一些传统节日、西方节日或是国际节日前后开展促销活动。

造节日未必是每个企业的唯一选择。有实力和充足广告预算的企业造势、造节日，实力差一点或预算少一点的企业借势、顺势。如今，“双 11”“618”早已成为所有线上商家的黄金节日。

节日营销如今被各企业热捧，品牌在造节日或追逐节日营销之前，应该关注用户的真实需求是什么。基于用户需求，营销人员要去提炼和呈现能满足这些需求的场景，并通过创意呈现，抓准节日特点，做出差异。不同节日的含义不同，如春节和情人节，分别代表团聚和浪漫，因此选品不同，营销侧重点不同，品牌与节日的契合点也不同。营销活动要与节日本身关联，不能只是为了节日而促销。在大家都借势这个节日的时候，不要不走心，泛泛而做，只有制造出差异，才能引起关注，提升品牌影响力。

作为消费新载体的节日

电影《蒂凡尼的早餐》中，奥黛丽·赫本饰演的霍莉·戈莱特丽在蒂凡尼珠宝店的橱窗前久久驻足，凝视着闪闪发光的珠宝的镜头，让人印象深刻。每当霍莉心绪不宁时，只要面对闪光的珠宝，她的忧郁情绪便一扫而光。有许多像霍莉一样的姑娘也被这些华丽的奢侈品所打造的消费社会所影响、塑造。

春节、中秋节、“双 11”“双 12”“618”，几乎所有节假日都沾染上了消费的气息，平台与商家无时无刻不在提醒消费者，应该在这些时间节点上消费了，而节日本身的意义和氛围反而被消费主义冲淡。当节日结束时，人们可能意识不到自己的消费行为是被精心制造出来的。

安东尼·加卢佐在《制造消费者》中提到，消费主义的源头是拜物情结，自从生产与消费被分割，人们对商品产生了纯粹美好的幻想，习惯了通过消费来获得社会地位。看似是人们选择商品，商品给人们带来愉悦，但实际上这一切都服从于一种社会逻辑。人们并不是真的因为内在需求而消费，而是被符号牵着鼻子走，为了维持自己的地位，为了守住所属的阶层，人们必须遵守这样的消费法则。消费者是被制造出来的，不是由自己的需求催生出来的。在欲望的裹挟、物欲的满足和身份、阶层等带有商品属性的烙印“认同”中，消费者被制造出来。你买了一套衣服，买回家就是为了穿，这是需求催生的消费；你买了一套衣服，但是买回家之后从来不穿，只是因为买了这个东西，所以很开心，这种为买而买的行为，就属于被制造出来的消费。

波兰裔英国社会学家齐格蒙特·鲍曼在《工作、消费主义和新穷人》一书中这样写道：对合格的消费者来说，世界是一个充满可能性的巨型矩阵，包含着更强烈的感受和更深刻的体验。当消费者被制造出来时，消费主义文化紧随其后，在稳定的生产秩序与消费市场之下，大平台、大公司开始以各种形式重新塑造消费主义文化，制造消费社会的游戏规则。包括创造节日，创造品牌，创造各种机制，让我们心心念念，不囤货就难以入睡。

齐格蒙特·鲍曼说，想要提高消费者的消费能力就不能让他们休息，他们需要不断地接受新的诱惑，持续处于永不枯竭的兴奋之中，持续处于怀疑和不满之中。

安东尼·加卢佐说，消费者的自由不过是在他人强加的一堆东西中进行选择的自由。

索菲·金塞拉在《购物狂的异想世界》里写道："这个世界一团糟，是因为东西被拿来爱了，而人被拿来用了。"

造节日与办会

最后再提一下办会。节日是企业品牌营销的载体，办会与造节日一样，是许多行业领军企业的标配。比如，每一年，苹果公司有"全球开发者大会"（WWDC），谷歌有"谷歌开发者大会"，阿里巴巴有"云栖大会"，腾讯有"科学WE大会"，百度有"百度世界大会"，京东有"京东全球科技探索者大会"，乐信有"乐信合作伙伴大会"……一个有领导力的品牌，一定会办一个在行业内有影响力、知名度的品牌活动。

造节日与办会，在成功串联起领军企业生态与个体的同时，也慢慢成就了它们的江湖地位。

023

叙事的技巧与陷阱：我们是如何掉进框架里的

同样一件事，用不同的叙述方式表达，在头脑里引起的反应会一样吗？

比如，2022年世界杯决赛结果，两个句子都可以描述——“阿根廷赢了”或“法国队输了”，但这两句话唤起的大脑画面截然不同。“阿根廷赢了”，你头脑中的画面是梅西、恩佐、马丁内斯、蓝白条纹队服，梅西亲吻大力神杯；“法国队输了”，你脑海里的画面是姆巴佩、吉鲁、登贝莱、格列兹曼，一群着深蓝色队服的小伙子黯然神伤……

同样的结果，可以有两种不同的表述，得到两种不同的反应。

两种表述与两种结果

美国行为科学家阿莫斯·特沃斯基在哈佛医学院做过一个实

验。受试者都是医生，他给受试者分别看了肺癌的两种疗法（开刀手术治疗和放射治疗）的治疗结果数据。一般来说，开刀手术治疗可保证至少 5 年的生存时间，因此患者大都愿意选择开刀手术治疗，但在短期内，开刀手术治疗比放射治疗风险更大。特沃斯基把受试者分为两组，A 组看到的是开刀手术治疗的存活率数据（手术后第一个月的存活率是 90%），B 组看到的是开刀手术治疗的死亡率数据（手术后第一个月的死亡率是 10%）。

A 组和 B 组看到的数据是同一个统计结果在不同框架下的呈现，结果，看到 A 组数据的受试者有 84% 接受开刀；看到 B 组数据的受试者只有 50% 接受开刀。

这就是框架效应——人们对事实的不同描述，导致了不同的决策判断。同样的事情，不一样的说法，导致决策不一样，心理学上称之为框架效应。

之所以叫作框架效应，是指人们的思维会受到不同框架的影响，从而做出不一样的选择。这个“框架”的作用是将人的思维“框”在其所给出的架子里，进而影响人们的判断和行为。

比如，两个骗子都说可以提高孩子考上大学的概率，他们都要 5000 元。一个对父母说：“考不上大学，一分不要，钱都退给你”；而另一个说：“考上大学，收 5000 元”。结果大家都选择了第一个骗子。

其实这两个骗子表达的意思是一样的，只不过第一个骗子的表述把父母的思维框定在收益的框架下，考不上大学也没有损失；

而第二个骗子把父母的思维框定在损失的框架下，考上大学就要掏钱。所以相对来说，人们喜欢有收益的框架。

框架是一种文字功夫

框架效应的发生时常与“损失厌恶”有关，损失厌恶是指，人们面对同样数量的收益和损失时，认为损失更加令他们难以忍受。

丹尼尔·卡尼曼和行为科学家阿莫斯·特沃斯基曾通过前景理论来解释框架效应。根据这一理论，人们认为损失比等量的收益更重要（比如损失100块比获利100块更重要），因此更需要避免损失。因为人们想避免损失，所以会寻找有正向收益的选择。

若购买某彩票有10%的概率赢得100元，90%的概率什么也得不到，你愿意花5元购买吗？答案往往是愿意试试。

若购买某彩票有10%的概率赢得100元，90%的概率损失5元，你接受吗？答案往往是不想接受。

其实，上述两个问题是相同的。但是我们发现，在相对积极的描述下，愿意买彩票的人多；而在消极的描述下，愿意买的人少。

一个不好的结果，如果被描述成不会赚的彩票成本，比被简单描述成输掉一个赌注更容易被接受。

损失比成本更能引起负面效应。

比如去买湿巾，正好超市里有A款和B款两款湿巾在打折，它们价格相同，所含湿巾的数量也相同，唯一的区别是，A 款湿巾声称能“杀死 95% 的大肠杆菌”，而 B 款湿巾声称“只有 5% 的大肠杆菌能够残留”。这种情况下你会选择哪种？

很多人可能会选择 A 款湿巾，因为大部分人都不会喜欢听到用湿巾擦拭后还有细菌“残留”，尽管这两款湿巾在实际效果上没有任何区别。

人们选择买 A 款湿巾而不是 B 款湿巾，就是受到了框架效应的影响，两款湿巾所展现的框架不同，从而影响了人们的决策。A 款湿巾强调的是一种积极属性，而 B 款湿巾强调的是一种消极属性。

很多商家会张贴营销广告，如某健身房外的海报上写着“每天只需一杯饮料钱，你就可以拥有完美身材”，很容易把消费者吸引到一个“真的好便宜”的框架中。其实它的年费算起来未必比其他健身房便宜。

对企业而言，在进行定价或促销时，应该将之与收益而不是与损失联系在一起，从而有效激励消费者的购买行为。

所谓的营销或传播，常常基于对素材的取舍，对角度的选取，有时就是一种文字功夫。

三种框架等着你

经济学家乔纳森·莱文等人认为，框架效应至少可以被分为三种类型。

1）属性框架效应——当一个事物的关键属性被贴上正面标签时，人们会倾向于对这个事物做出更好的评价，或倾向于做出某种行动。

比如“618”“双11”等购物节就有许多正面标签。购物、狂欢、满减、折扣、实惠……这些标签以最醒目的形式，不断刺激消费者的神经。

尖端好货、爆款好物、一年一次、错过拍大腿……

这些文字正是利用了框架效应，强调在“双11”等购物节购物能收获实惠、好物，不断暗示消费者要抓紧时间购买。

2）目标框架效应——当一个信息被贴上存在潜在损失而不是潜在收益的标签时，这个信息会更有说服力。受损失厌恶的影响，大多数人更愿意避免损失，而不是获得相同程度的收益。

让人在获利100元和有51%的概率获利200元之间做选择，多数人会选前者，因为可以稳得100元，而不愿意冒风险选择200元。

让人在损失100元和有51%的概率损失200元之间做选择，多数人会选后者，因为对于避免200元的损失心存侥幸。

再比如，在购物中，满300元减40元，还差80元，要不要凑一凑？现在是40元，49元免运费，要不要凑够49元，还是直接掏6元运费？

大多数人更愿意选择凑单免运费，因为多支付的6元运费，被视为“不必要的损失”。

3）风险选择框架效应——人们更倾向于选择可以避免不利结果的方案，而不是可能实现有利结果的方案。

比如，售货员给我看了最贵的儿童汽车座椅，说它是最安全的，我就不敢买比较便宜的了。为了孩子，谁在乎那点钱呢？

再比如，在“双 11”的定金预售规则下，消费者在规定时间内付清尾款，就能享受折扣，如果取消订单，就会损失部分定金。因此，消费者在“避免损失”的负面框架下，更倾向于选择付定金，并尽可能不取消订单。

生活中这种例子很多，风险选择框架效应尤其发生在涉及健康、安全、孩子等最能触发人们的风险认知、损失厌恶的时候。

有个卖干货的小商人，他的摊位总是比其他人生意好。有人问他有什么诀窍，他说很简单，就是在称重量时，比目标分量少放一点点，再慢慢加上去，直到达到目标重量。见别人没明白，他又补充道，其他人是先放很多，再一点点减重，直到达到目标重量。

虽然目标重量相同，但是如果总是加上去，就会让人感觉分量足，客人就会感觉赚了；而如果总是拨出一些，就会让人感觉缺斤少两，产生一种有损失的感觉。

生活无处不框架

生活中，把你带入框架的案例随处可见。

比如，去菜市场买牛肉，如果标签上显示有 75% 的瘦肉，人们更愿意买。如果标签上显示有 25% 的肥肉，可能人们就不那么愿意买了。

比如，服装店有一批商品要促销，对外宣传时，A店说换季清仓，B店说反季特卖，选哪个？“换季清仓”容易让人感觉便宜是便宜，但可能商品不太好，可能是被人挑剩下的。（当然，对只看价格不太在意品质的人来说，清仓也是销售利器。）“反季特卖”让人感觉是捡到便宜了。对商家而言，销售产品不是为了真的多便宜，而是让顾客感觉自己占到了便宜。

比如，很多超市都会采用一些优惠促销手段，但是不同的描述方式会产生不同的效果。一个商品原价20元，超市希望通过优惠到16元的方式来促销，现在有两种方案供选择。

方案1：8折优惠，即原价20元商品，现在只要16元就可以购买。

方案2：满20元返4元现金，即买20元的商品，就可以返4元现金。

这两种方案的优惠力度是相同的，但是最终的销售结果有很大差异，人们更喜欢方案2，他们的注意力和决策过程被引导到“返现金”这个框架中了。

再比如，政府想通过减少税收的方法来刺激消费，它可以有两种做法：一种是减税，直接降低税率；另一种是退税，就是在一段时间后返还纳税人一部分税金。

从金钱数额来看，减少5%的税和返还5%的税是一样的，但是它们在刺激消费上的作用却大不一样。

谈话的框架艺术

不单是营销上，人际交往中也可以利用框架效应。与他人聊天时，可以用更加积极的说法替代消极的说法。

比如，不要说“你今天的眼线画失败了”，而是说“你今天整体妆容很棒，如果眼线能再改善一点点就更完美了”。

比如，同样是发年终奖 8000 元，如果说“今年公司业绩不好，本来要发 1 万元奖金，现在只有 8000 元了”，员工听完以后多半要抱怨。但如果说：“今年公司业绩不好，本来奖金只有 5000 元，现在我努力帮你争取到 8000 元”，员工的心里就会一下子好受许多。

屡战屡败和屡败屡战，就是调整框架的典型例子。

一方面，框架效应有时会正面掩盖住负面，损害人们的决策，让人们聚焦在某件事情的表达方式（框架）上，而忽略实际的信息内容。另一方面，如果意识到框架效应的影响，套用更积极的表达框架，则会让沟通更有效，更容易让人接受我们想要传达的信息。

我们说出的任何话，都建立在一定的基调上，这个基调跟我们的价值观、观察事物的角度等有关，而这个基调就决定了整体框架的倾向。

比如沙漠中只剩一杯水了，有的人会说“只有一杯水了”，而有的人会说“幸好还有一杯水”。不同的表述方式建立在我们自身长久以来形成的价值态度上。

落入框架还是跳出框架，怎么说重于说什么。

FIVE

| 第五章 |

传播的进化

024

如何提升传播的有效性

每一天我们都会接触到无数信息，每个机构、每家公司的传播部门，每天都在制造信息。但闭上眼睛想一想，你会记得几条？许多传播很大程度上是在制造垃圾，传播有效性是最值得关注的问题。

依从、认同、内化

哈佛大学社会心理学家赫伯特·克尔曼于1958年提出了态度改变三程序理论（也称态度分阶段变化理论），认为人的态度变化分三个阶段，分别是依从、认同和内化。这一理论解释了态度形成的过程，即从最初的表面配合（依从），到自愿接受他人观点（认同），到最后从内心深处接受并彻底转变自己的态度（内化）。这一理论为理解个体如何形成和改变态度提供了重要的理论框架。

美国社会心理学家埃利奥特·阿伦森在《社会性动物》一书中，进一步论述了依从、认同、内化是如何循序改变的。

依从指在外界压力或影响下，被动接受他人的要求或建议，其行为动机是为了获得奖赏或免受惩罚。依从的特点是，奖励或惩罚存在的时间决定了行为持续的时间。一个典型的例子是学生在学校的行为表现，假设老师规定，课堂上保持安静并认真听讲的学生可以获得一朵小红花，如果在课堂上不认真则会被请家长，那么绝大部分学生都能在课堂 45 分钟内满足老师的基本要求，否则课堂教学工作无法进行下去。这一行为规则在低龄儿童身上会更有效，这也能解释为什么小学生相对来说更听老师的话。

服从是依从的一种形式。前面说的例子可以这样理解，依从是学生在课堂的 45 分钟内符合老师的要求，服从则是学生因老师的权威和课堂纪律而自己保证符合要求。服从通常对应着权威，需要无条件接受并执行。

认同是个体把自己依从的规则内化成行为习惯，内心真正接受并赞同他人的观点、要求或价值观，行为上主动配合。比如，尊老爱幼的行为准则就是绝大部分个体在长时间的教育和社会道德驯化下认同的价值观。

认同与依从最大的区别是什么？以酒驾为例，对行人来说，他们认同酒驾是危险驾驶，会给他人生命带来威胁，因此非常支持国家对酒驾行为的处罚；但对部分司机来说，他们可能并不认同这个观点，觉得自己酒量好，喝几口并不影响开车，但迫于国家的相关规定，他们只能依从。

网红经济、粉丝经济、偶像经济主要基于认同。但一旦偶像光环不再，粉丝也便不再认同。

内化的观点对人具有最持久、最根深蒂固的影响。如前文“酒驾是危险驾驶”的观点，如果已内化为“酒驾可能会危及生命”，那么可能即使是老板要求你酒后开车送他一程，你也会拒绝。遗憾的是，并不是所有司机都内化了这一观点，不然也不会有因酒驾而给自己或他人造成伤害的事情发生了。

告知与认知

我们借助克尔曼的框架，把传播由表及里分为两种：一种是告知，一种是认知。

先说告知。告知是一种信息的浅层传递。比如，每年电商企业都会利用“618”“双 11”购物节来做活动，包括打折、满减、免息等。这个信息受众知道就可以了，没什么理解成本，可能几张海报就够了。但越简单的东西越不容易出彩，要把握住这几张海报中最重要的两部分——画面和文案，效果高下都体现在这儿。如果画面平平，文案仅仅罗列信息，就无法从大促时间段里每家企业大同小异的信息中脱颖而出。画面怎么设计得吸引人、文案怎么写得打动人，这都是功力。

再讲认知。认知需要往受众心里打得再深一点。比如分期乐商城推出消费者保护措施，它对用户重不重要？当然重要。但要让用户了解后理解，这就需要做信息拆解或者做传播文章。这种挑战就在于你怎么让受众听你说，认知到了，还要让人认同，这就很难。

告知信息偏硬，认知信息偏软。“硬的”可以靠广告投放，可以简单粗暴；“软的”如果想要达到传播效果，要讲究方法、技巧。

知名度和美誉度

由告知、认知可以延伸到知名度、美誉度。

围绕知名度和美誉度，一直有很多争论，比如两者哪个更重要，以及两者谁先谁后。

知名度是人和事物被社会认知的广度，美誉度则是人和事物被社会认可的程度。在公共关系学中，知名度、信誉度、美誉度一同构成公关三度，是评估一个组织公共关系形象的具体指标。

知名度受到主观因素和人为因素的影响；美誉度是别人心中的印象和评价，具有不可操控性。通过广告等手段可以提高知名度，但真正的品牌价值和长期成功，依赖于建立和维持美誉度。正面的知名度，一定是与美誉度相伴而生的，不具备美誉度的知名度是有风险的。

知名度是品牌成功的第一步，是潜在购买者认识到或记起某一品牌对应某类产品的能力，品牌知名度从低到高可以分为品牌识别、品牌回想、第一提及知名度等层次。知名度的高低直接彰显了消费者对品牌的熟悉程度，甚至与销售量有着正相关关系。提高品牌知名度是品牌建设的基础，能够让消费者在众多品牌中选择你的产品或服务。

仅有知名度是不够的。美誉度，即消费者对品牌的正面评价和信任感，是品牌长期发展的关键。一个高美誉度的品牌能够吸引更多忠诚的消费者，提高消费者的满意度，发挥口碑效应，从而促进品牌的持续发展。

正确的品牌观，应该是同时关注知名度和美誉度的提高。通过有效的市场营销策略提高品牌知名度，同时注重提高产品质量和服务水平，以赢得消费者的信任和好评，从而建立高美誉度的品牌。

受众对说服性信息的接纳

著名传播学者、实验心理学家卡尔·霍夫兰认为，受众对说服性信息的接纳程度，主要取决于说服者的条件、信息本身的说服力以及问题的排列技巧。

1. 说服者的条件

为了验证说服者的作用，霍夫兰做了这样一个实验，他将一群被试者分为三组，请三个演说人分别在各小组就少年犯主题进行演说。三位演说人分别被主持人介绍为“法官”“普通人”和“品行低劣者”。演讲结束后，三组听众分别给演说人打分。结果，“法官”得了高分，“普通人”得了中间分数，而“品行低劣者”得了低分。三个不同身份的人对同一主题的演说，形成了三种截然不同的影响力。这个实验结果表明：一个在某领域享有声誉的人，比没有声誉的人更能引起人们态度的改变。霍夫兰认为，声誉最主要的组成部分是专门知识（或专家身份）和超然的态度。比如意见领袖必须是一个身份明确的权威，比如战争中的和平使者往往是一位与交战双方均无利害关系的人。公关传播者或广告劝服者不能以一个为厂商的利益而急不可耐的形象出现在消费者面前。

这就是为什么我们在传播中不能自卖自夸，而是要注意借助权威机构、专家背书以及利用用户故事的原因。

2. 信息本身的说服力

在表达一个有争议的问题时，如某企业的产品对消费者有利有弊，是用正面理由还是正反两方面理由都用？哪种方式更能够说服人？霍夫兰认为，如果对方本来就赞同说服者的主张，只讲正面理由可以坚定其原有的态度；如果对方原先反对说服者的主张，把正反两方面的理由都说出来，比只讲一方面理由更好；如果对方受教育程度高，那么说出两方面的理由更为有效；如果对方受教育程度低，那么说一方面理由较好；如果对方受教育程度低，并且原来就赞同说服者的立场，那么一定要用正面理由，若说出正反两方面的理由，反而可能导致其犹豫不定。

所以，传播也好，广告也好，都要基于用户洞察与用户研究，然后制定相应的策略。

3. 问题的排列技巧

问题的排列秩序在改变受众态度时也显得比较重要。在霍夫兰看来，首先提出宣传论点，可以引起受众注意，容易形成利于传播的气氛；最后提出论点有利于受众记忆。如果传播的内容是受众赞同的或可能接受的，那么把它首先提出来比较有利；其他情况下，则要首先唤起受众需求，然后再提出传播的内容，这样更易于被受众接受。比如，广告片的开头往往要先声夺人，结尾之处则要较多出现需要消费者记忆的内容。软文则要先唤起消费者的需求，然后推出产品。

两级传播与意见领袖

社会学家保罗·拉扎斯菲尔德和传播学学者伯纳德·贝雷尔森、黑兹尔·高德特共同完成的传播学著作《人民的选择：选民如何在总统选战中做决定》，是传播效果研究领域的经典著作。书中的两个结论值得关注。

1. 有限效果论

研究发现，大众媒介对人们的影响非常有限。相比于大众媒介，个体的亲人、同事、朋友的影响力要远远超过大众媒介对个体的影响力。

2. 两级传播理论和意见领袖

研究还发现，信息传播过程中存在两级传播现象，这个现象在自媒体时代尤其明显。比如大多数人获取信息的来源是在自媒体平台上关注的博主或者平台推荐的其他热门账号，可以把其定义为活跃的内容生产者。这些内容生产者需要频繁地接触并追踪网络热点、高权重媒体资讯、广告等信息，对所关注的领域了如指掌，而其他人通过这些内容生产者间接地了解相关信息和他们对相关问题的意见和观点。这一过程达成了对公众舆论的引导，因此这些有影响力的内容生产者通常被称为KOL，即关键意见领袖。

两级传播就是信息先传递到意见领袖，经过组织加工，再经意见领袖扩散给公众的过程。

区隔点与记忆点

我们从传播效果理论分析回到企业传播。企业传播要有效，要有穿透力，能有效触达C端人群。从战略层面而言，传播要集中到品牌定位这个点上，围绕它来拆解，不能无主题发散，今天说这个点，明天讲那个点。许多企业规模不大，卖点不少，说到最后消费者什么都记不住。元气森林是个值得参考的例子，饮用水市场上有纯净水、天然水、气泡水等各种水，极度饱和，很多人都认为这个市场已经没有办法再创新了，而元气森林用好喝不胖的果味气泡水，建立了“0糖0脂0卡”这一认知，在创造需求的同时就已经提炼了核心卖点，并围绕核心卖点，通过媒介区隔，一个个锁定不同圈层。

在C端传播的点上，拼多多早期宣传的是拼着买更便宜；京东宣传的是送货快、品质有保证；分期乐商城宣传的是可以分期买大牌、大牌触手可及。

好的传播一定要三看，看行业、看标杆、看自己，看看行业都怎么玩儿，看看行业里的标杆企业怎么干，看看自己能拿出什么策略。经过“三看”的分析研究后，再制定传播战略，做战术分解，提炼出引领性的产品定位和核心卖点，发掘出自身独特的存在价值。

围绕品牌认知来传播时，不能在真空中建立品牌的区隔概念，周围的竞争者们都有各自的概念，自己的品牌定位得切合行业环境才行。研究透别人是怎么做的以后，就要寻找自己的区隔概念，让自己与竞争者区别开来，尤其不要和行业内的标杆企业共用一个概念。找到了区隔点，就要建立支持点，让它真实可信。比如，京东因为有其自营物流可以讲送货快，但你宣传送货快，就不一定有人信。

不是有了区隔点就能坐等顾客上门，企业要靠传播才能将概念植入消费者的心智。在这个过程中，不能干巴巴地说理，要有记忆点。比如，2018年“双11”，天猫公布平台当日产生了10亿个包裹订单，这些包裹连接起来长度可绕地球七圈；2011年，香飘飘奶茶在广告中称自己一年卖出10亿多杯，杯子连起来可绕地球三圈。数字可能记不住，但说绕地球多少圈，一下子就形象很多，能够刺激消费者的记忆。

除了要有记忆点，还得有细节、有故事、语言生动。纪录片

《舌尖上的中国》第一季里的许多解说词都很灵动："香格里拉，松树和栎树自然杂交林中，卓玛寻找着一种精灵般的食物——松茸。松茸保鲜期只有短短的两天，商人们以最快的速度对松茸进行精致的加工，这样一只松茸 24 小时之后就会出现在东京的市场中。"

维特根斯坦认为，人最容易被故事说服。

如果一个企业、一个公关人员做的传播自己没有脚，就不能走到四处。如果做了一年传播，没有几个案例留下来，沉淀到自己企业的品牌历史中，而是满足于每天的忙碌，满足于你做我也做，满足于一篇篇在海量信息中连个涟漪也泛不起的稿件，这对企业的帮助就比较有限了。

025

注意力稀缺与代言人的价值

菲利普·科特勒曾经说过：人们如果看到一张有名的脸，会很快认识与它相关的产品。

不知从何时起，品牌商找明星代言已经成为一个普遍的现象。无论是零食、化妆品、家电品牌，还是服装、珠宝品牌，都有明星代言。

传播学教授埃弗雷特·罗杰斯在其著作《创新的扩散》中提出的“创新扩散曲线”表明：一个新产品诞生后，使用者的数量会随着时间的变化，呈现出一条规则的曲线，如图 5-1 所示。

“尝鲜价”“早鸟价”“种子用户”等互联网词汇大家一定不陌生，在新产品的推广初期，最先体验的用户就是最早接纳产品的那 16%（创新者和早期使用者），而这群人，通常也是品牌进行“品类教育”最重要的群体，被称为种子用户。

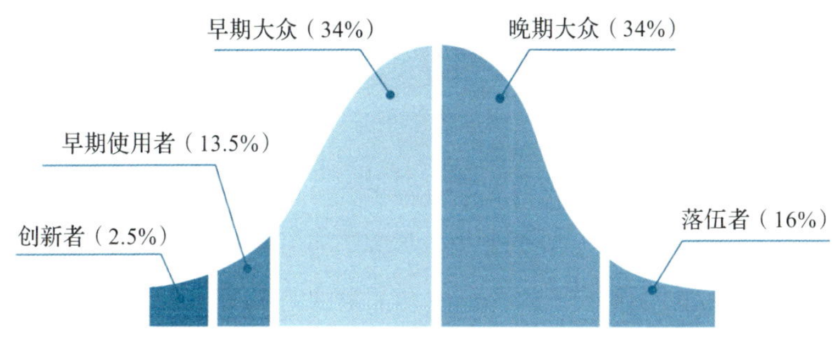

图 5-1　创新扩散曲线

种子用户接纳新产品后，产品使用者的数量会迎来一个大爆发。比如抖音刚出现时，其种子用户是一群喜欢拍对口型视频，喜欢跳舞的年轻人，这批用户接纳了、玩嗨了、分享了，产品就迎来了爆发式增长，很快普及到大众群体，甚至是保守群体或滞后群体。此时引入明星代言，能够有效提升品牌的知名度和影响力，推动销量或下载量增长，实现品牌市场份额的快速扩大。

明星或名人代言在广告学界一直是备受瞩目的话题，品牌专家哈米什·普林格尔曾经讲过两个案例。英国电信请著名喜剧明星鲍勃·霍斯金斯代言的投资回报率达到 6∶1。而英国超市 Sainsbury's 请著名大厨杰米·奥利弗代言的投资回报率更是高达 27∶1，真可谓赚得盆满钵满。

早年饿了么宣布请王祖蓝担任代言人后，饿了么 CEO 张旭豪曾在一次接受记者专访时透露：“在王祖蓝代言的品牌广告上线不到一周的时间里，饿了么各项数据都有 30%～40% 的增长。”

情感移植与 AIDA 模型

代言人的作用，就是给品牌赋能。

代言人本身就是一个品牌，有拥护者，有粉丝的信任，是粉丝想象的载体。而品牌与代言人的结合，其实是代言人将自己的流量、流量转化率、标签移植到品牌上，帮助品牌形成品牌识别，加强品牌个性，建立品牌形象联想。代言人在这个过程中为品牌赋能，沉淀品牌资产。

你特别喜欢的人经常喝一种饮料，你购买这种饮料的概率就大大提升；你信任的朋友喜欢穿的一个牌子，你自然就会更有兴趣去关注这个牌子，这其实就是情感移植在发挥作用。晕轮效应是心理学的一个概念，简单来说，这是一种爱屋及乌的心理效应，应用到广告上，就是人们更倾向于购买自己喜欢的明星代言的产品。

在传播学中，代言人是一种直接信源（信息传播者），企业通过编码信源向接收者发送信息。赫伯特·克尔曼提出，信源具备 3 种属性，即吸引力、可靠性、感染力。

吸引力：信源能够吸引受众的注意力和兴趣。在传播领域，名人或明星作为信源时，其说服力主要源自他们的吸引力。

可靠性：信源提供的信息被认为是真实、准确和可信赖的。当信源具有高度可靠性时，受众更有可能接受并内化其传递的信息。

感染力：信源能够促使受众产生相同的思想感情，启发智慧或带来激励。信源的感染力能够促使受众对信源倡导的观点做出具体反应。

这些属性在传播学中具有重要意义，因为它们影响着受众对信息的接受程度、信任度和行为反应。

基于这个理解，代言人作为一种直接信源，主要从以下 4 个方面发挥作用：吸引受众注意力，增加受众信任，影响受众观念，改变受众行为。

根据营销专家海英兹·姆·戈得曼总结的 AIDA 模型（又称为爱达公式、营销漏斗）：A 为 attention，即引起注意；I 为 interest，即诱发兴趣；D 为 desire，即刺激欲望；最后一个字母 A 为 action，即促成购买行动。AIDA 模型描绘了从消费者首次注意到产品，到产生购买欲望，再到最后采取行动的完整心路历程。这告诉企业，首先，通过引人入胜的广告或信息，吸引消费者的注意力；其次，激发他们对产品或服务的好奇与兴趣；然后，通过精心设计，点燃他们对拥有该产品或体验该服务的强烈渴望；最后，促使他们采取实际行动，完成购买。

明星代言的作用

总结概括一下，对品牌来说，请明星代言有以下作用。

提升品牌影响力。明星常常是舆论、话题的焦点，尤其是在当下社交媒体蓬勃发展的全民娱乐时代，关于明星各类信息的议论已然是社交媒体上很重要的内容。对品牌来说，这样的议论都是天然流量，能让与代言人相关的品牌频繁出现在消费者的视野中。消费者在购买产品时，自然会更倾向于买熟悉的而不是陌生的品牌。如果有两个实力相差不大的同行业品牌，其中一个请了适合自己品牌的流量明星作为代言人，那么它势必能将品牌力提升一个台阶，在影响力上强于另一家。

提升销售转化率。喜欢明星，进而喜欢明星所介绍、使用的产品或品牌，这是一种常见的情感迁移的心理现象。通常在品牌选择流量明星合作、品牌公布新代言人后，该明星的粉丝会在第一时间奔走相告，配合品牌活动、积极购买产品、传播相关信息。粉丝们的购买力要比我们想象中的强很多，尤其是那些有流量、有人格魅力的明星（或网红、主播），他们一旦与品牌合作，能够极大地带动产品销量。

提供购买理由。在许多情况下，消费者不知道购买什么品牌比较合理，因而广告做得多或者有名人推荐就可以成为消费者的购买理由。酒水饮料等快消品，产品之间的真实差距可能没有宣传的那么大，这时候，明星的号召力就给了消费者一个选择的理由。

提高可信度。代言人通常在社会上拥有良好形象，这种形象可以转移到品牌上，增强消费者对品牌的信任和认可。公众人物，特别是一些专业领域的明星，比如体育明星，更可以提升潜在用户对产品或品牌的信任。

清晰传递品牌定位。产品是给什么人用的，可以通过代言人的个性、形象以及年龄等特征来确定。如果由流量明星代言，产品定位就是年轻消费群体；由接地气的喜剧明星代言，产品定位往往与追求性价比的消费者有关。

丰富品牌内涵。明星一般都有已被消费者了解的故事和被消费者接受的独特个性。将明星与品牌联系起来，品牌也就增加了一些联想的维度和内涵。耐克因为代言人乔丹而增加了篮球文化的品牌沉淀，利郎通过代言人陈道明沉淀了成熟、老练的品牌感受；乐信与旗下的分期乐邀请中国国家击剑队代言，沉淀的是信任、锋芒等品牌内涵。

吸引经销商与合作者。请明星代言，除了扩大自身影响力，其实也是为了展示实力给合作伙伴看。一般来说，广告投放可以提升经销商的合作意愿和信心。

流量明星、喜剧明星与行业权威

代言人一般需要与品牌调性、目标消费群体相匹配。

名人通常拥有特定的公众形象和标签，同样地，企业及其产品也有独特的个性和理念。因此选择代言人时需要考虑代言人形象和品牌是否匹配。比如，让一个成熟睿智的老戏骨来代言一个年轻化品牌，效果可能就不太好，这就是目标群体适配问题。迪奥、古驰等一线奢侈品品牌喜欢有国际范儿的明星；而当红流量明星与品牌结合，主要是表达时尚与年轻化的品牌内涵。

表面上看，这是一种外形、气质上的匹配，在更深层面上则是品牌与代言人在价值特性上的灵魂共振。明星用自己固有的气质、个性和价值观，将抽象的品牌人格化、具象化。

品牌与代言人要遵循灵魂共振法则，在形象、内涵、个性标签和价值趋向上保持一致。品牌的目的是通过代言人与消费者沟通，因此代言人要与产品特质和品牌形象相符合，也需要代言人的粉丝群体与品牌的目标受众相契合。

另外，要发挥代言人的带货作用。通常，要想增加女性消费者，就匹配流量男明星；要想增加男性消费者，就匹配一线女明星。

如果品牌的知名度没有与品牌的市场地位（销售额）相匹配，解决方案是找一个全国老少都脸熟的名人，有资历有咖位，和品牌一起出现，从而给消费者留下品类中领导品牌的印象。在这个信息爆炸与信息碎片化的时代，品牌想要通过营销来吸引消费者的注意力越来越不容易，只有真正能让人感动和惊喜的营销内容，才可以吸引到消费者的关注。现在许多喜剧明星持续受到品牌青睐，因为他们有“自带笑点”的特质，充满了别具一格的感染力，可以为品牌带来更多可能性。

不同于流量明星仅局限于粉丝圈层的影响力，喜剧明星的受众往往更广，他们的影响力可以突破圈层，更广泛地向消费者群体渗透。品牌可以让自己变得“搞笑”起来，拍各种脑洞大开的广告，入驻哔哩哔哩让自己变得“鬼畜魔性”，彰显人格化属性，向Z世代靠拢。而喜剧明星身上所叠加的有趣、幽默、搞笑的特质，很容易让年轻人“上头”，产生强大的吸附力。尤其对于身处三四线城市的小镇青年，在下沉市场，这些喜剧明星都有超强渗透力和粉丝黏性。

品牌和喜剧明星的合作一般以轻量级短期合作为主，为的是打开品牌在某个领域的知名度；长期代言较少，主要考量的是喜剧明星和品牌所传递的品牌价值之间的契合程度。从品牌所处的行业来看，适合和喜剧明星进行合作的品牌，主要集中在餐饮、食品饮料、清洁日化、互联网生活服务平台、电商平台（尤其是进入下沉市场的电商平台）等。从合作方式来看，品牌和喜剧明星的合作一般会采用直播间合作、自媒体传播以及节日限定 TVC（电视广告）等轻量级短期合作形式。

品牌代言人的选择可以更聚合目标人群，并不是非得花大价钱请明星代言，还可以选择一些专业领域的 KOL，或者行业内的权威专家。总的来说，大部分专家都出现在一些功能性日化用品的广告和医药产品广告中，广告常与科普相结合。比如现在很多人都知道长期使用的牙刷容易滋生细菌，需要三个月换一次，这个理念就是通过专家不断重复和灌输传达给我们的。仅这一个理念灌输，就让牙刷年销售量取得了大幅增长——这就是专家的力量。

粉丝行为偏好

找代言人时，要看的不仅仅是代言人，也要看代言人的粉丝。

有两个指标可以帮助品牌看出粉丝对产品的行为偏好：高需求和高兴趣。

高需求是指对产品有极强的购买欲望，甚至构成刚需。高需求粉丝几乎不需要怎么争取，天然就是核心用户，看到喜欢的明星或网红也在用相关产品，一定会跟随。比如，母婴博主的新手妈妈粉丝，对母婴产品就有天然的高需求。

品牌要尊重和理解粉丝，在此基础上引导粉丝的喜好，通过定制创意活动、投入实在资源、设计精致物料等方式，让粉丝心甘情愿地购买、宣传，成为品牌的忠实用户。此外，要提高粉丝的参与度，鼓励有创作能力的粉丝参与内容产出活动，通过为粉丝提供资源，激发他们在向路人粉、泛娱乐人群安利偶像的过程中融入品牌信息。品牌与明星或网红之间的合作模式还可以更深入，可以让明星或网红投入更多时间和创造力，加入到品牌营销活动中，包括参与产品设计、IP共创、通过真实生活场景展示产品等，真实参与和富有创意的活动不仅能撬动粉丝，也能真正影响到路人消费者。

高兴趣是指对产品有兴趣，但短时间内构不成需要，需要在形成相关认知后才可能有购买冲动。高兴趣粉丝在明星或网红有技巧的引导下也会有显著的转化率。比如，潮流服饰对于年轻女生有很强的吸引力，但不构成刚需，这时时装博主怎么推荐和引导就很重要，引导得好就可能转化成购买。

运动服装品牌lululemon的崛起是个很值得借鉴的案例。该品牌在营销初期找的是瑜伽教练、健身爱好者这些既专业又小众的意见领袖，他们并不一定是有百万粉丝的明星或网红，但在瑜伽领域有话语权和专业度。在他们的带动下，lululemon 很快吸引了大批高需求且高兴趣的瑜伽爱好者，在消费者的心智中植入了“专业”“功能性强”的标签。因此，它在成熟的体育用品竞技场里打开了市场切口，许多健身人士也愿意在社交媒体上分享、推荐 lululemon。

通过这个例子我想强调的是，找明星或网红合作，找的不是明星与网红本身，而是他们的粉丝。明星与网红只是帮助产品触达目标人群的渠道，不是目的。选择明星或网红时不要以粉丝量为衡量标准，要以其粉丝对产品的行为偏好为衡量标准。

警惕吸血鬼效应

启用代言人要注意避免一点，就是广告创意过了头，突出了代言人，而模糊了品牌与产品。

广告学上有个词叫作吸血鬼效应，指的是在广告中，消费者的注意力往往被代言人吸引，而忽略了广告本身的目的和产品本身，导致广告效果不佳。

国外一篇被广泛引用的论文——《名人代言广告中吸血鬼效应的风险》中指出：明星是 AGD（attention generation device，注意力产生工具），但注意力最后不一定会落在企业和产品身上。

文章作者尝试让三组人群观看三张不同的吉他广告海报。

海报一：有吉他和品牌的文字信息，配有美国女演员安吉丽娜·朱莉的图像。

海报二：有吉他和品牌的文字信息，配有美国男歌手“猫王”埃尔维斯·普雷斯利抱着吉他的图像。

海报三：只有吉他和品牌的文字信息，无名人图像。

结果发现，带有名人图像的海报更容易被人记住，不过只有15%的人能回忆起海报一讲的是什么产品，连海报三的一半都不到。而回忆该吉他品牌信息的数据更糟，没人能回忆得起海报一介绍的到底是什么品牌。

美国的一项研究证实，即使有轻度的注意力偏差导向，也能让广告效果提升；但如果有非常强烈的注意力偏差导向，就会导致广告效果大打折扣，还不如没有这种偏差导向。

人们关注到了名人，却没有记住产品或品牌怎么办？这提醒企业必须选择合适的代言人，在设计广告创意时，必须让明星为品牌和产品服务，切勿喧宾夺主，防止出现吸血鬼效应。要想防止出现代言人吸血鬼效应，关键在于平衡广告中代言人的关注度与产品本身的关注度，确保广告内容既能够有效地传达产品的定位和它与同类产品的差异所在，又能吸引消费者的注意。

可以通过以下几点来避免吸血鬼效应的发生。

明确广告目的和产品定位。在制作广告前，应明确广告目的和产品定位，确保广告内容能够准确传达产品的特点和优势。这有助于引导消费者将注意力集中于产品本身，而不是被代言人分散注意力。

选择合适的代言人。选择与品牌形象和品牌定位相符的代言人，能够更好地传递品牌价值，同时避免消费者因为过度关注代言人而忽略产品。

优化广告设计。通过巧妙设计和技术手段（如使用动态图形、特效等）来吸引消费者的注意力，同时确保广告内容的连贯性和逻辑性，避免信息过于复杂或混乱。

测试和调整。在广告发布前进行测试，观察消费者的反应和注意力分配情况，根据测试结果调整广告内容，以确保广告能够有效传达信息，同时避免吸血鬼效应的发生。

乐信与360的代言人实践

最后简单说说我经历的几次代言人实践。

乐信与旗下的分期乐之所以选择中国国家击剑队作为代言人，一是对消费金融品牌而言，品牌的美誉度与可信度非常重要，成为国家队官方合作伙伴，是一种很好的信任背书。二是在多支国家队中，击剑队在精神层面上与乐信更契合，便于其与2亿分期乐用户沟通。在乐信的品牌片《相信中国锋芒》中，几句文案在点题之余明确了乐信与用户沟通的落脚点。

每个迎难而上的你

都闪耀着锋芒

我们相信
你的锋芒
会刺破最长的夜
带刺的难题
也会怕带着锋芒的你
每个锋芒未露的人
终有锋芒展露的一天
你的锋芒
就是中国锋芒
相信中国锋芒

早年我在 360 公司任职期间，正值 360 进军智能硬件领域，但在推出 360 智能摄像机、360 行车记录仪、360 儿童手表等一系列智能硬件后，360 硬件的品牌影响力很难有效辐射、渗透到 C 端并带动销售。于是 360 尝试采取代言人策略，选择时任中国国家女排球队主教练郎平和女排队长惠若琪作为代言人。选择体育明星时需要考虑的主要是以下几点：体育项目的国民关注度（有专业公司的调研报告佐证），夺金可能性（有国家体育总局专家的赛前分析），形象，代言价格，可能产生的话题点。360 手机选择知名演员王凯作为代言人，则是从粉丝人群及购买力等角度考量的。

乐信与 360 选择的代言人，都是高可信度的代言人。高可信度代言人的作用在于，能够以极强的说服力与号召力来传播品牌的价值内涵。

当然，有时候权威背书与高流量、高关注度可能并不能兼得。比如，有些流量小生、流量明星可能并不权威，品牌请其代言的目的一般是吸引目标用户、转化目标用户。而有些体育明星或国家级运动员，对品牌能起到强背书作用，但其流量和关注度不高。

一般而言，娱乐明星的关注度高于体育明星，体育明星的关注度高于专家。

对于企业或品牌的代言人策略，还要明确以下几点。

代言人策略要与投放策略、传播策略协同。传播策略要抓住代言人和企业双方的精神契合点。在消费者注意力分化的时代，企业的“人设”肯定比不过代言人的“粉设”，不能“圈粉”的传播，其穿透力和影响力注定很差。

代言人只是人格化的沟通方式，代言人是具象的，其种类有很多。除了已被很多企业广泛启用的娱乐明星、体育明星、网红、企业家、科学家、KOL，还可以选择吉祥物或虚拟人物作为企业的 IP 化形象代言人，后者已经越来越多地参与到企业传播中，尤其是社会化传播中。

吉祥物或虚拟人物通过个性鲜明的感性表达，能引发目标用户的好感。目前，服装、儿童用品及餐饮服务等行业应用其代言的情况更多。

形象代言并不是花钱多才能产生好效果，适合自己的才是最好的。

026

内卷时代的外卷智慧

在经历了快速的发展后，许多行业逐渐进入存量博弈时代，企业间的竞争变得异常激烈，卷产品、卷价格、卷技术、卷渠道、卷服务、卷流量、卷供应链，行业自上而下卷成一片。

内卷，已成为当下普遍的社会现象，从经济到社会，从创业到消费，从卖方到买方，万物皆在内卷。

我们正进入一个前所未有的内卷时代。

越是不增长，越容易内卷。但内卷很难真正地解决问题，高手都在“向外卷”。

组织内卷的旋涡

人类学家克利福德·格尔茨在20世纪中叶曾到印度尼西亚做田野调查，他发现由于耕地面积和农业技术的限制，爪哇岛的农民在人口压力下不断增加水稻种植过程中的劳动投入，以获得较高的产量，但劳动的超密集投入并未带来产出的成比例增长，当地农业长期没有什么进步，他用“内卷”描述这种现象。历史社会学家黄宗智在其著作中引用了格尔茨的研究成果，借助“农业内卷化”的概念，系统分析了明清以来江南小农家庭与乡村发展的特点，从而使“内卷”这一概念被更多人熟知。现在该词多用来指事物对外扩张受到制约后，转向内部发展并不断精细化的过程。

内卷的关键在于“向内演变”，是精细的、低水平的复杂化。内卷是没有发展的增长，容易走向内耗。

可怕的是组织内卷，一种非理性的内部竞争、内部消耗或停滞不前。HBG 品牌增长研究院的研究者认为，可以从以下 3 个角度来理解组织内卷。

1）增量发展受阻或停滞，现有的组织或系统已不能创造更多增量价值，只能在存量上维持相对稳定，这个时候的资源竞争，面临的是存量分配竞争。

2）组织进入稳定期后，逐渐丧失比较高级的驱动模式，例如价值观、使命感、创业初心等，简单、本能的逐利变成了整个组织的驱动力。这时候的组织，可以为了利益最大化而放弃系统内部个体的价值或成长。

3）内卷的组织中总会有两派：一派占据相对优势，掌握资源分配权力；另一派对外部市场有更敏锐的嗅觉，更容易发现组织存在的危机。

那么，如何破除组织内卷？答案是向外卷。

波特的三种竞争战略

要谈向外卷，先要说说竞争战略。

要谈竞争战略，须先从商业管理界公认的“竞争战略之父”迈克尔·波特的理论谈起。

在其《竞争战略》《竞争优势》《国家竞争优势》等著作中，迈克尔·波特构建了一套分析框架，包括行业分析的五力模型（见图 5-2）、竞争对手的分析框架和三种竞争战略。

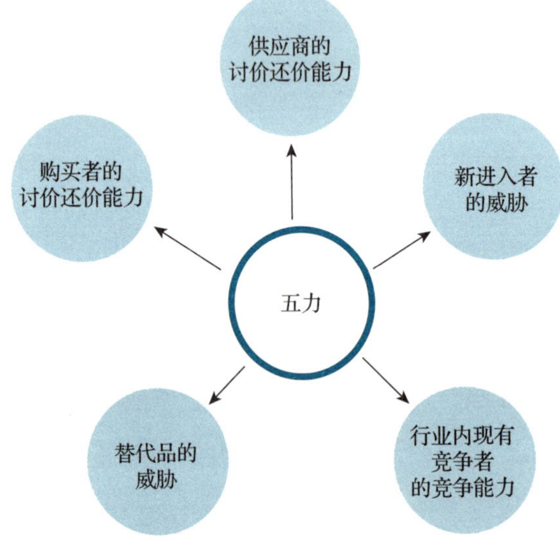

图 5-2 行业分析的五力模型

企业面临的竞争从哪里来？波特提出的五力模型有助于理解行业的竞争环境。该模型确定了竞争的五种主要来源，包括三种横向的行业内竞争来源和两种纵向的产业链竞争来源。

横向的行业内竞争涉及行业内现有竞争者的竞争能力、新进入者的威胁，以及替代品的威胁。

而纵向的产业链竞争主要涉及购买者的讨价还价能力和供应商的讨价还价能力。

购买量的多少决定了购买者的议价空间，购买者如果是供应商的大客户，其议价能力就会比较强。假如供应商行业集中度较高，主要由几个巨头占领市场，那么供应商的议价能力就会比较强。

横向和纵向竞争力的强弱共同决定了行业结构，进而影响着行业中的每家公司。

企业该如何分析竞争对手？迈克尔·波特建议分成两个步骤。

第一步，分析竞争对手的四大要素：竞争对手的定位是什么？当前战略有哪些？对自身的认知和对行业趋势的假设是什么？是否具备达成目标的能力？

当然，这些信息都是竞争对手的商业机密，直接获取有一定难度，但是仍然可以通过获取一些关键信息来辅助分析，如：竞争对手管理层的构成和背景、财务指标、产品的优劣势和未来发展规划。还需要注意竞争对手所有的市场信号，如其新产品、融资情况、合作情况、对外发言等。这是一项需要常态化和实时进行的工作，因此有必要建立一整套竞争分析系统，具体模块包括数据分析、核心用户画像、用户留存、对外合作框架等，最终形成战略制定建议，辅助决策。

第二步，根据前面的分析，推断竞争对手的反应，并对以下问题做出判断：竞争对手可能通过哪些举措发起进攻？竞争对手的防守能力如何？有什么弱点？如何瞄准其弱点发动攻击，使其只能被动应战，不敢主动出击？

企业要挑选战场，通过分析自身和竞争对手的产品及目标，推断未来双方可能正面交锋的领域，制订作战行动计划。

下面介绍企业界津津乐道的迈克尔·波特的三种竞争战略：总成本领先战略、差异化战略、目标集聚战略（见图5-3）。

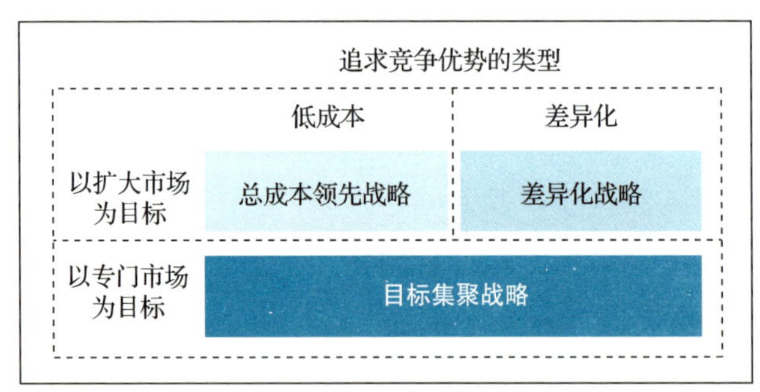

图5-3　三种竞争战略

（1）总成本领先战略。行业第一与行业第二竞争，最有用的一招是：你有我也有。你有的品类，我也要有；你降价，我也降价。你搞价格战，我不怕，因为我的规模比你大，总成本比你领先。

需要注意的是，总成本领先，绝不是说价格领先，低价格从来都不是竞争优势，低成本才是。大家都降价了，你却能挣钱，你挣钱并不是因为你价格更低，而是你营运效率更高，你占据的市场更大，你的总成本更低。

（2）差异化战略。实力不够强，可以打差异化战略。差异化就是我跟你做的不一样。

克莱顿·克里斯坦森在《创新者的窘境》中指出，对硬盘驱动器企业年收入的统计结果显示，初创企业如果和现有巨头直接竞争，创业成功的概率只有 6%；而如果和巨头错开，跳到新的价值网，创业成功的概率将提升至 37%。这里的“创业成功”指的是企业至少有 1 年的收入达到 1 亿美元。

与其更好，不如不同。可以用优势去对抗竞争对手的劣势。

京东在和阿里巴巴竞争时，选择自建物流，主打送货快、货保真；以及苹果公司为自家手机开发移动操作系统，海底捞提供极致服务等，这些都属于差异化竞争。

宝洁的多品牌战略，也是一种差异化竞争。

20 世纪 90 年代以来，宝洁通过在洗发、护发领域布局多个品牌，最终实现了最大限度地瓜分市场。

深入滋养秀发——潘婷；飘逸柔顺——飘柔；头屑去无踪，秀发更出众——海飞丝；专业美发——沙宣；美丽发色——伊卡璐。

高峰时期，宝洁这 5 个品牌的洗发水占据了中国洗发水市场一半以上的份额。

先把整个市场划分成多个细分市场，然后再针对不同的细分市场设计出不同的产品，制定不同的价格，以满足不同消费群体的需求，这样每个品牌都有自己的市场空间。

（3）目标集聚战略。聚焦在特定的细分领域，从而形成竞争优势。

主攻某一细分市场、某些特定客户群，或者是某个细分产品线的成功企业有很多。比如大疆，其主攻航拍爱好者、专业影视制作公司和智慧农业公司等特定客户群，以及无人机这一细分产品线。大疆的无人机以其先进的飞行控制技术、稳定的拍摄效果和丰富的功能，成了行业内的标杆，在全球民用无人机市场拥有很高的占有率。

什么是外卷的正确姿势？

是“求之于势、不责于人”，企业要做出战略选择，比如通过扩大规模来降低成本，或者采用差异化战略来建立品牌信任，或者采用目标集聚战略来构建核心竞争力，从而抵御竞争压力。

熊彼特创新组合的五种形式

说完波特的三种竞争战略，不能不说约瑟夫·熊彼特的创新理论原理（见图 5-4）。

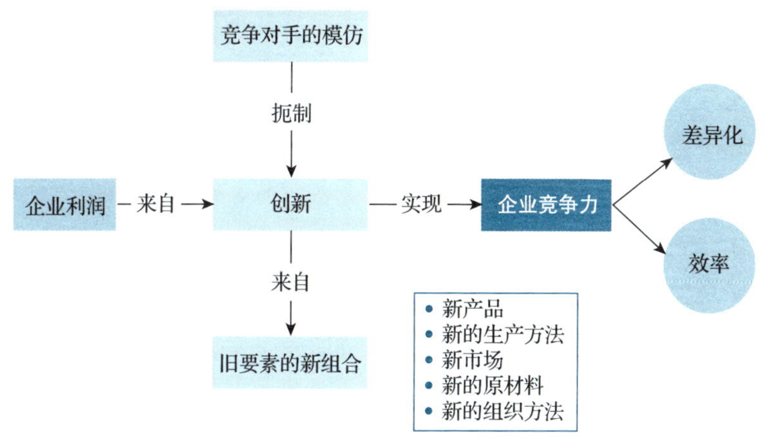

图 5-4 熊彼特的创新理论原理

近年来，熊彼特在中国声誉日隆，其创新理论时常被人提及和引用几乎到了“言创新必称熊彼特”的程度。他提出的“创造性破坏”，指企业家通过创新活动，打破内卷，打破市场均衡状态，实现生产要素的重新组合。这种打破和重建的过程被称为创造性破坏。熊彼特认为，这种动态失衡是健康经济的常态，通过创造性地打破市场均衡，企业家获得了获取超额利润的机会，推动了经济增长。

熊彼特强调，企业只有通过创新，才能获得超额利润。创新不是发明，而是生产要素的重新组合。

只有创新，才能让产品更有竞争力，摆脱低维度的同质化竞争。

他总结出的创新组合的五种形式内容如下。

1）开拓并利用新的原材料或半制成品的新的供给来源，比如元气森林采用赤藓糖醇等代糖来代替蔗糖、果糖等天然糖，再如内衣或睡衣用更亲肤且环保的创新面料。

2）采用新的生产方法、新的工艺过程，比如在奶粉生产过程中，将喷雾干燥技术升级为更能保留营养物质的低温喷雾干燥技术。

3）引入新产品，或者为老产品赋予新特性，比如瑞幸的酱香拿铁，以及海河乳品的煎饼果子味牛奶。

4）开辟新市场。对目标人群、消费场景进行细分，比如打造专业老人鞋、儿童长牙期专用牙膏、医用去屑洗发水。

5）采用新的组织方法。在组织层面进行整合优化，比如自建农场，降低采购成本；自建物流，提高运输效率。

这些创新组合的形式不仅涵盖了技术和经济领域的变革，还包括市场、供应链、生产组织等方面的创新。后来人们把这五种创新组合的形式依次归纳为资源配置创新、技术创新、产品创新、市场创新和组织创新。

产品有其生命周期，包括导入期、成长期、成熟期和衰退期，每个阶段都对企业提出了相应的商业目标和战略侧重点。

在导入期，社会变革或技术创新推动新产品、新技术、新服务出现，市场需求初步形成，这一阶段没有竞争者或者竞争者数量有限，同时产品销售量的增速比较缓慢。在导入期，要聚焦在产品迭代、目标客群筛选和品牌认知的建立上，寻找并验证有效的商业模式也同等重要。

在成长期，市场需求快速增长，目标客群的接受度提高，竞争者入局并且可能存在多个竞品。这一阶段企业的重心是增加产能以提高市场占有率，强化市场主导地位，在竞争中胜出。

在成熟期，没什么增量空间了，市场达到饱和，竞争变得更加激烈，各企业可能会打价格战。在此阶段，寻找新的增长点就成了重中之重，途径包括垂直细分、产品创新，或者通过合并和收购竞品来实现占有率的进一步提高。这一阶段企业还可以通过降本增效来保持盈利能力。

在衰退期，因技术过时或新形态的替代品横空出世，市场规模缩小，消费者对该产品的需求缩减或消失。在此阶段，企业需要缩减业务规模，必要时退出市场并寻找新的市场机会。

行销近视

说完产品与技术创新，也要提醒企业不要患上行销近视。

行销近视，也称营销近视症，由美国哈佛大学商学院西奥多·莱维特教授提出。这一理论指出，企业在制定策略时，往往过于迷恋自己的产品，过于重视技术（或产品）的精益求精，而忽略了市场需求变化和消费者需求。这种过于关注产品本身而忽视市场需求的做法，导致企业可能生产出质量上乘的产品，却因不符合市场需求而无法获得商业成功。

市场的饱和并不会导致企业的萎缩，造成企业萎缩的真正原因是企业目光短浅，不能根据消费者的需求变化而改变营销策略。

总结起来，营销近视症的主要表现包括以下几点。

1）自认为只要生产出最好的产品，不怕顾客不上门。

2）注重技术开发，忽略消费需求的变化。

3）注重内部经营管理，忽略外部市场环境和竞争。

企业经营者之所以会患上营销近视症，可以归结为经营者的成长经历、经验带来的健忘症、经营者的知识结构三个主要因素。

（1）经营者的成长经历。比如，搞技术、抓生产或者管财务起家的经营者，往往容易眼光向内，较少考虑顾客需求和市场变化，而过于注重生产效率和成本控制。

（2）经验带来的健忘症。一个产品能够兴起，从根本上说是由于它迎合了顾客的需求或者潜在需求，新产品被消费者接纳的过程在多数时候是一个艰难的过程，因为它可能会要求消费者改变原有的消费习惯甚至生活方式。当产品渡过了导入期而步入成长期时，前景一片光明，当企业面临的主要问题不是发现与开拓市场，而是“填补”现有市场之时，经营者容易忘了产品兴起的真正原因，或者忙于抢占市场而无暇顾及产品发展大计，以致忽视了悄然袭来的顾客需求变化和产业衰退阴影。

（3）经营者的知识结构。企业经营者个人的知识结构会对其判断产生巨大影响。

行销近视是企业对产业环境和产业发展规律的错误判断。西奥多·莱维特列举过四个广泛存在的信念，这些信念有的被企业管理者公开宣讲过，有的成为企业管理者行动所依据的假设，而这四个信念几乎一定会导致行销近视。

1）认为人口的自然增长会为产业增长自动形成一个规模不断扩大的市场环境。

2）认为产业里的主要产品不存在竞争性替代品，对那些垄断性产业（如石油、电力等产业）中的经营者来说尤其如此。

3）认为大规模生产会形成规模经济，即单位产品的成本会随着产量的增长而下降，而企业会因此打败竞争者。

4）只要造出了比竞争者更好的产品，就可以获得优势，企业经营者因此集中精力完善科学实验、改进产品和降低制造成本。

科特勒产品三层次理论

不要患上行销近视，不要过分关注产品，那应该关注什么？

企业的本质，还是要把产品营销出去，创造价值并获得回报。

广告学教授尼尔·博登于20世纪50年代提出了“市场营销组合”说，即市场需求或多或少地在某种程度上受到所谓营销变量或营销要素的影响。

营销学大师杰罗姆·麦卡锡教授于1960年在其营销学著

作中将这些变量或要素概括为“4P”，即产品（product）、价格（price）、渠道（place）、促销（promotion）。

1967 年，菲利普·科特勒在其畅销书《营销管理：分析、计划、执行与控制》中进一步确认了如下以 4P 为核心的营销组合方法。

产品。注重产品功能的开发，要求产品卖点独特，与其他同类产品有差异。

价格。根据市场定位，找出目标人群并制定价格策略，产品的定价不能脱离企业的战略，同时也要注重品牌的价值。

渠道。建立企业与消费者之间的桥梁，通过培育经销商和建立销售网络，提升对终端消费者的覆盖率。

促销。包括品牌宣传、广告、公关等一系列的营销行为。

1988 年，科特勒提出产品三层次理论。该理论认为，任何一种产品都可以被分为三个层次：核心产品层、形式产品层、附加产品层（见图 5-5）。

核心产品层是消费者购买产品的核心驱动力。这是产品的灵魂，是消费者愿意付费的动因。比如花钱买电车是因为油车贵，核心驱动力就是电车更节能环保；但是如果一辆电车续航时间有限，不满足客户的使用需求，就会严重影响其使用价值。

形式产品层是消费者购买产品的决定性要素。它指产品的具体表现形式，比如产品的外观、质量、品牌、舒适度等，这些特征最直观，也最能吸引消费者。就拿包装来说，这是一个“颜值即正义”的时代，低档包装往往给人劣质的感觉。很多企业担心包装吃掉利润，但很有可能出现因包装不行而影响产品销量的情况。还有设计，“互联网 +”时代有句话，叫所有行业都值得被“互联网 +”一遍。如今茶颜悦色等拥有独特设计的品牌爆火，套用这句话可以说，所有行业都值得被重新设计一遍。

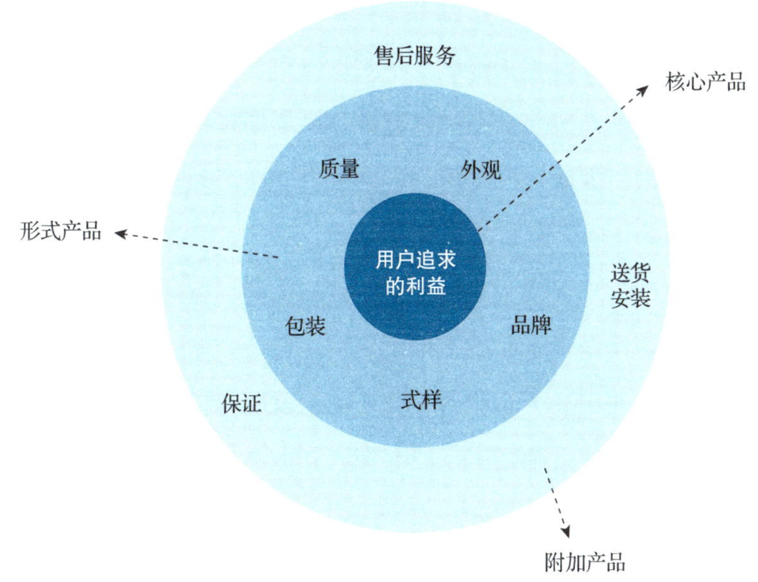

图 5-5 科特勒的产品三层次

附加产品层是影响消费者做出购买决定的附加要素，即卖方能提供给消费者的增值服务，比如免费安装、检修、清洗等，这些服务可以帮助提高消费者的满意度及复购率，带动消费者主动分享使用体验，促进产品传播。

该理论从三个层次反映了消费者的多层面需求，很好地解释了消费者的购买动机，突出了实体产品与服务的密不可分。

品牌传播

沿着科特勒的理论继续思考，破除内卷还可以从品牌着手。

美国经济学家、企业家保罗·霍肯发现，产品销量和产品内涵之间的相对关系已经发生了变化，随着市场竞争的加剧，产品仅仅依靠自身特点和优势已经不足以在市场中脱颖而出。即使某家企业的产品确实与众不同，这种与众不同也很快会被竞争对手模仿和复制。因此，他意识到，企业需要在产品本身之外赋予产品更多内涵，以吸引和留住消费者。

霍肯的发现促使企业开始着手打造品牌，建立产品内涵。这样一来，即便许多企业能生产出一模一样的产品，消费者也愿意花更多钱来购买某个企业的品牌产品，就因为该品牌具有某种特点或内涵。这些品牌之所以能够拥有如此高的价值，不仅仅是因为它们自身的特点或优势，更是因为它们能利用这些特点和优势赋予产品强大的内涵，这一内涵能触动消费者的内心。霍肯的这一发现，促使企业开始重视品牌内涵的建设和管理，而不仅仅是关注产品的销量和市场份额。

没有品牌优势的无效内卷，体现在两个方面。

1. 只盯着对手，不看顾客

在用户研究上投入不足，缺少战略重心，导致被竞争对手牵着鼻子走，品牌慢慢失去竞争力，只能靠买流量、低价促销等手段来维持经营。

2. 没有积累，做多少都是浪费

没有建立品牌资产系统，不能在各个环节中有效传达品牌价值，那么做多少推广都是浪费。

有效的做法是，从品牌价值出发，让一切围绕价值开展的营销传播活动都沉淀为品牌资产，包括统一的理念、文案、logo、动作等，通过持续不断地传播，形成直指人心的核心记忆，赋能品牌价值，最终形成品牌力。在这个过程中，要注意不被外部流量裹挟，避免为追求流量而给企业带来负面影响。

彼得·德鲁克说，企业的经营成果在外部，内部只有经营成本。所有企业经营的结果，其实都在消费者的头脑里。当产品被消耗之后，最后留下来的，是消费者和品牌之间的连接。

品牌传播是向外生长的价值，其作用机理在外部，不直接干预用户行为，主要是通过影响用户认知，进而影响用户决策，改变用户行为。

许多企业更关注内生价值，更多看向企业内部，总琢磨内部如何提高效率、降低成本，如何砍品牌传播的 HC（headcount，人员编制）和预算。但我们可以看到，最近几年崛起的一些新消费品牌，如蜜雪冰城、喜茶、奈雪、元气森林等，都是在市场营销、品牌传播上获得成功的。它们不是只会把工夫花在内部成本控制上，而是胜在向外赢得了用户认知。

说个做品牌的人常举的例子：一家企业做 T 恤，是卷生产成本、工艺流程、原材料成本，还是卷设计、文案、品牌调性？三件T恤，一件没有任何图案，一件带有耐克的logo，一件印着Gucci的商标，第一件售价20～40元，第二件售价200～400元，第三件售价2000～4000元。一件T恤的不同价格，体现的是品牌力。

构成品牌力的，是一套体系和四个支点。一套体系指的是品牌理念，它包含一个能够引起人们共鸣的核心主张，品牌能由此在人们心中形成印象和声誉。四个支点中，品牌视觉识别（VI）系统从视觉形象出发来塑造品牌的独特性，涉及logo、IP形象（吉祥物）、品牌色（调性），像可口可乐的红色和红飘带，就是消费者记住、找到并选择品牌的重要抓手。其他三个支点是品牌信任的建立，品牌故事的讲述，以及用户连接。

制定品牌传播策略，需要基于目的、定位、价值观、调性、品牌理念这5个方面建立品牌模型（见图5-6）。

美团之前有个slogan，叫"美团一次，美一次"——"你总要吃一次饭，约一次会，看一次电影……美团一次，美一次"。后来美团外卖做品牌升级，icon（图标）从"一碗饭"变成了"袋鼠"，slogan变成了"美团外卖，送啥都快"，只强调一点，就是"快"。点个外卖，快点拿到就是核心问题，并由此界定了和竞争对手的差异。美团利用袋鼠"袋子大、物品多、跑得快"的既有认知，形象地表达出了自身优势。

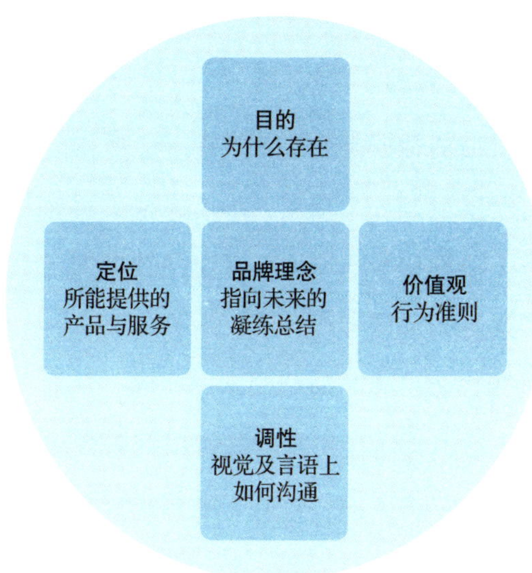

图 5-6　品牌模型

让人费解的、导致企业的外向价值不彰的例子也有很多，比如赶集网曾用过的 slogan“让赶集至少帮你一次”，当当网用过的“敢做敢当当”……这些与用户的沟通并不是基于用户的，而是基于企业自身的。

企业的外向价值必须要基于用户的认知，而不是企业的认知。企业必须站在用户的角度，调动他们大脑中已经存在的对企业的认知，并跟企业想要传达的理念连接起来。

用户利益不能发明，只能发现。通过梳理品牌认知、竞争认知、产品认知、用户认知，继而发现核心问题；通过品类分化竞争分析，锁定心智竞争对手，继而确立竞争转化策略；通过品类名、品牌名、视觉锤、信任证明、口号，继而完成一套认知组合；

通过明确"功能价值""极致价值""超预期价值""充分展示价值"，继而获得持续认可。

企业外向价值的释放需要一个过程。拿最直接的广告投放来说，转化也有个反应过程。根据 AIDA 模型，面对广告投放，受众大致会有以下心理历程：注意—兴趣—欲望—行动。在这个过程中，注意和兴趣是欲望和行动的前提。一般广告投放多以传递产品信息、折扣优惠信息来激起受众的兴趣，从而促进购买（转化）行为的产生。但受众产生兴趣和做出购买行动之间有一定的时空距离，当受众兴趣减弱时，其实际购买行为的发生概率就会大大降低。这也是为什么我们经常看到苹果、京东、天猫等知名品牌还在持续投放广告。

再有效的投放内容，没有对受众 3～5 次的触达，都很难达到好效果。与直接的广告投放相比，品牌传播的效果是在积累中完成、在润物细无声中实现的。

品牌传播不仅仅是成本或费用，而是长期投资，旨在增强品牌的知名度和美誉度，从而吸引更多的消费者，提高品牌的市场份额和盈利能力。

027
短视频时代的逻辑重构

2024年北京车展期间，360创始人周鸿祎身穿红衣爬上车顶的画面，火爆程度超过了明星和车模，极具传播力与关注度。

周鸿祎读懂了这个时代。他说，人类有历史以来，只有短视频的出现能够“格式化”人类的大脑。消费者行为的改变一定会改变企业的传播方式，如果还以旧的方式理解、接收信息，肯定行不通了。随着短视频进一步深入人们的生活，未来会有更多商业模式被创造出来。

走进新时代

互联网行业每隔几年就会有一个新风口，成就一批踩准点儿的新公司。

从20年前的搜索引擎，到10多年前的微博和微信，再到最近几年的短视频，风口常变，企业常新。

短视频与直播带货是最近几年凶猛的新风口，更可能是一个新时代的标志。

艾瑞咨询数据显示，2023 年中国直播电商市场规模已经达到 4.9 万亿元，同比增速为 35.2%。2024 到 2026 年中国直播电商市场规模的年复合增长率（CAGR）为 18%，这不仅体现了直播电商行业的活力，也反映了其对社会经济的影响力。

内容即店铺，屏幕即渠道，短视频和直播带货已成为一种重要的营销与销售手段。

根据企查猫数据，2022 年中国直播电商企业注册数量达到 50 202 家，2023 年这一数量达到 83 517 家。

电子产品已变成人体的延伸器官，人们把大把时间都花在了手机等移动设备上。英国《每日邮报》一篇报道显示，经过某机构估算，假设以移动设备屏幕对角线长 25 厘米算，用户每滑动一次屏幕大约需要 3 秒钟，一天下来，累计滑动距离将近 229 米，全年累计的话，滑动超过 83 公里，接近两个全程马拉松的距离（一个马拉松全程近 42.2 公里）。

2023 年初发布的《2022 年移动状态报告》显示，中国人平均每天使用手机的时长近 5 小时，2021 年这一数字为 3.3 小时。

短视频与直播带货火爆的现象，印证了现代营销学对传播现象的认识轨迹。现代营销学之父菲利普·科特勒区分了营销发展的 6 个时代。

营销1.0时代是产品导向的。消费者期待着新的产品上市，因此企业以产品为中心，强调产品的功能和质量，通过宣传产品的功能和特性来吸引消费者，营销的主要任务是传递产品的价值信息。在此阶段，要关注“4P理论”（产品、价格、渠道、促销）的应用。

营销2.0时代是消费者导向的。其对应的是行业内产能过剩的状况，此时企业应注重垂直细分市场和目标用户定位，以满足不同消费群体的需求。2.0时代的营销要宣传产品差异化、服务定制化，围绕品牌建设开展，展现品牌独特性。企业要和消费者建立超越产品功能、经济和实用价值的关系。

营销3.0时代是价值导向的。其重点是要超越产品品牌，进入企业品牌层面的价值观共鸣。在3.0时代，营销活动围绕共同体导向、产品创新、品牌信任、企业社会责任和可持续发展开展，只有那些由使命和价值观驱动的、关照利益相关者的经营模式才可以持续发展。因价值观层面的共鸣而形成的消费者忠诚度，要远高于靠其他手段获得的消费者忠诚度，这要求企业将消费者由“捕捉的猎物”还原成“丰富的人”，把情感营销和精神营销结合到一起。

营销4.0时代以数字化技术和社群为基础。企业与消费者深度连接，营销与数字化深度绑定，利用大模型、大数据等手段，实现具有高精准度，同时又兼具个性化和交互体验的营销目标。企业开始重视与消费者积极互动，尊重作为主体的消费者，让消费者更多地参与到营销价值的创造中来。这一阶段的营销特点是用户参与，比如很多品牌在产品上市售卖前，会招募消费者进行试用，根据消费者反馈进行调整。如果消费者感受到了参与感，那么其后续的黏性就会非常高。数据驱动、营销内容形式多样、社交媒体营销和移动营销也是这一阶段的特点。

营销 5.0 时代以以人为本的技术为基础，本质是为消费者创造价值。从产品导向（1.0）到消费者导向（2.0），再到价值导向（3.0），营销 3.0 是传统营销活动的顶点。营销 4.0 关注的是以提升效率为核心的数字化营销，营销 5.0 兼具了人文精神（3.0）和营销技术赋能（4.0），在顾客的消费体验中使用“类人技术”（如人工智能、自然语言处理、传感器、机器人、增强现实、虚拟现实、物联网和区块链等）创造、提高、传播和交付价值，满足顾客的非物质需求。

营销 6.0 时代是沉浸式的元营销时代，强调数智化、全球化和 ESG（环境、社会和治理）等议题。

科特勒营销理论的演进，不是软件版本迭代，不是 6.0 比 5.0 强，它更多的是在区分在不同营销时代、不同消费者市场当中，营销制胜方式的差别。直到今天，处于从营销 1.0 到 5.0 时代的企业都同时存在，因为每个行业的市场需求是不一样的。

需要强调的是，今天的消费者处在一个生活场景数字化的时代，抖音、微信视频号等占据用户较多的上网时长、日活过亿的平台是人们生活中的重要娱乐工具，也是企业营销的主战场，短视频与算法推荐是我们这个时代营销的主课题。

在营销渠道的选择上，短视频与直播带货契合了消费者依赖他人意见的从众心理。面对直播，消费者不再依次走过四步心理历程（注意—兴趣—欲望—行动），原先多次投放和多次触达才能达到的转化目的，现在可以在瞬间完成，消费者可以直接从注意跳转到行动。在主播引导之下，消费者的兴趣和实际购买行为之间的时空距离大大缩短。直播不再只是宣传、告知的平台，也成为品牌的“入口”与销售的“入口”。

瞬时感受与多巴胺时代

短视频与直播带货迎合了“瞬时感受”时代。

任职于英国剑桥大学市场营销系的尹一丁博士曾指出，数字营销时代与传统工业化时代最大的差异，就是品牌进入了瞬时感受阶段，客户在很短时间内对品牌的感受就决定了其对品牌的印象，并会由此做出买不买的决定，营销链发生了巨大变化。

丹尼尔·卡尼曼从心理学行为实验中发现，我们的选择并非如我们预期的那样，总是被理性的光辉所照耀。他在《思考，快与慢》这本书中指出，人是感性动物，绝大部分人做决策都是依赖系统 1——感性直觉思维，然后再通过系统 2 找一个理性理由来支撑和解释自己的决策，使之看上去是理性的。

短视频与直播带货调动了消费者的直觉思维。

短视频和直播之所以势不可挡，主要有以下几方面原因。

1）快节奏的生活让人们的注意力越来越难以长时间集中，而短视频时长较短，观众在完成观看后容易快速产生成就感，在忙碌的生活中获得短暂的满足，进而产生继续刷短视频的动力。在现实生活中，许多目标的实现需要长时间努力，相较之下，短视频所带来的短暂成就感具有更强的吸引力。面对现实生活中的压力和困境，人们往往会寻找心理调节手段来暂时逃离现实。刷短视频正好提供了这样一个途径。在短视频的世界里，人们可以沉浸在轻松愉悦的氛围中，暂时忘记生活中的烦恼和压力。

2）短视频平台利用先进的算法和大数据分析，为用户提供个性化的推荐内容，随着用户观看行为的积累，推荐系统会越来越了解用户的喜好，从而让用户在这个定制化的内容世界里不断探索，难以自拔。根据月狐研究院发布的《2022年Q3移动互联网行业数据研究报告》，在2022年第三季度，抖音的人均单日使用时长已经超过了一部电影的时长，高达140分钟。

3）当人们在刷短视频时，每观看到一个有趣、有价值的内容，大脑就会释放多巴胺，驱动用户继续寻找下一个有趣的视频。从本质上来说，短视频平台通过算法设计，高频触发多巴胺的释放，并利用多巴胺的期待－获得机制让人上瘾。

多巴胺的释放不是为了获得奖励，而是驱动人们去追求奖励。就如写过《人体的故事》，这本书的丹尼尔·利伯曼所说，从多巴胺的工作原理来说，拥有是无趣的，只有获得的过程才能证明价值。如果你月薪1万元，多巴胺会让你想要2万元；如果你年薪百万，多巴胺会让你想要财富自由；如果你已经财富自由了，多巴胺会让你想要长生不老。多巴胺不会满足于固定标准，它会让你一直处在追求的路上，多巴胺的座右铭是“想要更多”。

多巴胺是如何让你对短视频上瘾的呢？你上了一天的班，感到疲惫不堪，多巴胺会驱动你想办法放松。放松的方式有很多种，但手机就在你身边，一上网就能瞬间满足。手机里的应用软件有很多，但你知道短视频软件最有趣，因为你看完一个视频，还会有下一个，你会想下一个视频可能更有趣、更精彩、自己更喜欢，不知不觉中可能你就刷了 1 个小时。这一切都是多巴胺驱动的结果。

多巴胺冲动也来自让人期待的惊喜，动物和人都不例外。美国行为主义心理学家伯尔赫斯·弗雷德里克·斯金纳做过一个实验，他把鸽子关进一个设置有自动喂食系统按钮的箱子，如果鸽子触动按钮，食物就会自动出来。刚开始鸽子并不知道这个按钮的存在，所以没有主动去触动按钮；但是鸽子在一次偶然触动按钮后，发现有食物投放出来，之后鸽子就频繁且主动地去触动这个按钮，以获得更多食物。

俄国生理学家伊万·巴甫洛夫做过关于狗的实验，证明了条件反射现象的存在。他在实验中，先让狗听到铃声，然后立即给予食物。经过多次重复后，即使不提供食物，仅播放铃声，狗仍旧会分泌唾液。

神经学家格雷戈里·伯恩斯曾利用功能性磁共振成像技术，

研究了可预见性如何影响人们的愉悦体验。研究者让实验对象平躺在扫描仪里，嘴里插着一根管子，管子另一端连着果汁。实验分为两组，固定频率组设定果汁每隔 10 秒流出，随机组则设定果汁随机流出。结果发现，随着喝到的果汁越来越多，固定频率组的愉悦反应迅速下降，而随机组的大脑特定区域——伏隔核显示活动更频繁。

伏隔核与人的正向体验强相关，如果用特制电极直接刺激这一区域，人们会有“感觉很好”的体验。如果给猴子提供能够刺激其伏隔核的电极按钮，实验显示它们会不断按下按钮直到耗尽精力。

实验表明，当知道奖励什么时候到来的时候，奖励带来的愉悦感会越来越低；而当奖励无法预测时，得到奖励时的愉悦感更高，这也是某些企业家口中的“延迟满足”背后的心理机制。

就像刷短视频，当我们手指滑动时，总是期待下一条能带来更新的信息、更多的趣味，这些信息是不确定的，因此我们永远都在期待下一条短视频带来的惊喜。

蔡加尼克效应

刷短视频也体现了蔡加尼克效应。

苏联心理学家蔡加尼克在常去的一家咖啡馆里发现一个现象，服务员能记住还没有付款的订单的所有相关细节，比如客户坐在哪里，咖啡端上来了没有，但是一旦客户完成支付，服务员就很难再回忆起任何细节。

这一发现被命名为蔡加尼克效应：即将开始或正在执行的任务会让执行人产生一种特定的紧张感，以提高执行人对相关内容的认知水平及执行力。当任务执行完毕时，紧张感就会消除；如果执行过程中任务被中断，紧张感并不会消失，大脑需要通过持续的紧张感来唤起执行人对任务细节的记忆以推进任务的执行。

蔡加尼克效应显示了大脑记忆的特点——有优先级，倾向于记住未完成的任务清单，任务完成后清除细节，休息，或进入下一个待执行任务的细节中。

但刷短视频不是这样，短视频内容无穷无尽。而且由于应用了推荐算法，系统大致知道你感兴趣的短视频类型，因此看完一个短视频，接下来又是一个你喜欢的短视频，因此你会一直刷下去，直到精疲力尽，或者被其他更重要的事项中断。

很多人会说，刷短视频越刷越累，原因就在于此。大脑一直在接收信息，因为信息太密集，刷完后感觉好像什么都没记住，没有获得感，又会陷入一种空虚中，干点啥呢？算了还是刷短视频吧，就这样陷入恶性循环。

所以刷短视频时人们常常有种感觉：大脑想要发挥自控力停止继续刷，但是就是控制不住，进入一种“非自愿使用”的状态。有研究表明，长时间处于这种状态，会导致注意力不集中、目标感变弱、焦虑情绪增加等问题。

前面说了这么多，和营销有什么关系呢？这是一个非常复杂的问题，时代潮流如此，人们一边批判短视频的上瘾机制，一边感叹短视频带来的营销变革。目前抖音、快手等短视频平台叠加日活用户总数超过 10 亿，已然成为各品牌眼里的香饽饽，是必争的流量高地。如何利用短视频流量做好营销推广，也是值得品牌方探索的。

视频时代的运营法则

YouTube 流行趋势经理凯文·阿洛卡曾写过一本解密如何打造爆款视频的书，叫《刷屏：视频时代的疯传法则》，他总结了一些短视频运营的基本法则。比如，爆款视频的关键不在于内容本身的创意或品质，而在于它能否激发观众参与互动，如模仿、评论、转发等；内容需要具备“可分享性”；越垂直的内容，用户忠诚度越高；成功的短视频往往允许甚至鼓励用户二次创作。

克劳锐的调研数据显示，2023 年 MCN 机构运营平台的平均比重排序前 5 名为：抖音（41.6%）、小红书（24.2%）、快手（6.5%）、B 站（6.2%）、微信视频号（4.6%）。

以抖音为例，在抖音开了账号并提升了账号权重后，需要做进一步的运营，许多机构会选择直播带货。

（1）短视频导流直播间。只要按照平台推流的机制，把直播间的录屏切片做成 30～90 秒的短视频去传播推流就可以。平台推流的本质是：平台希望给用户提供有价值的内容，而直播间本身就是内容产出。至于该内容是不是真的有价值，平台也要试了才知道，所以才产生了阶梯推流——一种动态流量分配机制。这就是直播间的推流机制。

（2）维持直播间流量。要做抖音直播，首先要知道抖音直播的流量怎么维持稳定，怎么通过短视频引流到直播间（见图 5-7）。

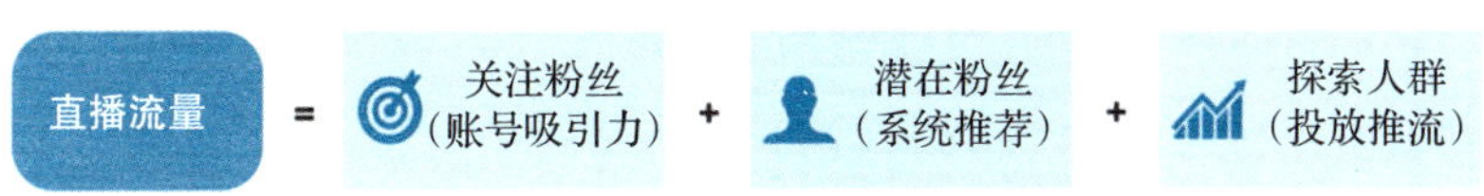

图 5-7　直播流量的公式

要想获取流量，就要基于这个公式来进行延展。通过这个公式可以看出：直播流量并不是只来自关注账号的粉丝，还可能来自平台推荐的潜在粉丝，这类粉丝可以通过自然匹配得到，也可以通过付费投放 DOU+（抖音的内容营销工具）的方式得到。

做直播之前，要先做好准备工作，比如直播预告、预约提醒等。

影响抖音直播间人气的因素主要有：在线人数、互动量、留存率、爆款视频、直播间封面、付费推广。

开账号制作短视频需要有一个清晰的人设，背景音乐要选好，要注意它和短视频内容及节奏的贴合程度。图书《人人都能做出爆款短视频》的作者吕白建议，人声要比背景音乐高 6 分贝，这样呈现的效果最好。

抖音作为全球最热门的短视频平台之一，每天都有数以亿计的用户在上面观看和分享各种内容。在激烈的竞争中，如何让你的内容在抖音上脱颖而出，吸引更多的观众和粉丝？抖音 SEO（搜索引擎优化）就变得非常必要，通过优化内容，可以有效提高其在抖音平台上的曝光度和排名。具体的优化步骤包括：

1）了解热门关键词；2）创建高质量内容；3）频繁发布新内容；4）利用标签，帮助搜索引擎理解你的视频内容，并将其推荐给潜在粉丝；5）与观众互动，回复评论，与粉丝建立联系，鼓励点赞和分享；6）制作吸引人的封面图；7）将抖音视频同步到其他社交媒体平台，如知乎、视频号和百家号，扩大受众范围，增加流量和曝光度。

总结起来，要进行抖音 SEO，需要关注关键词的选择、标签和封面图的吸引力、内容的质量和用户互动率。通过结合这些策略，内容更有可能在抖音上传播起来，吸引更多观众和粉丝。

028
直播带货新通路与个人 IP

做传播，做品牌市场，不能不关注用户流向。

PC 搜索时代，不在百度投放关键词，用户就找不到你；论坛时代，通过调动参与感吸引受众，小米通过手机论坛招募“100 位梦想的赞助商”参与 MIUI 的内测，小米手机快速崛起；微信时代，拼多多通过微信渠道快速裂变，市值曾超越阿里巴巴；最近几年，抖音、快手、小红书、B 站等迅速成为新通路，相关的传播与营销在迎头赶上。

周鸿祎说，最近几年，短视频有了本质上的改变，发生了革命性的变化，每天都有几亿人在刷短视频，短视频成了获取信息的重要渠道。在这种情况下，如果不做短视频，不做直播，就会与用户失去联系。他强调，短视频与直播最重要的价值是得到流量：“只有通过流量才能获客，才能推销企业的产品，宣传企业的服务。”

新通路的新玩法

目前，直播电商市场规模的增速大大高于传统电商。2024 年，抖音电商的全年目标是超 3 万亿元 GMV（总成交额）；2023 年，抖音电商 GMV 超过 2 万亿元，动销商品数从 3000 万升至 6000 万，产生自“内容”（直播间、短视频）和“货架”（抖音商城、店铺等）的 GMV 的占比分别为 65% 和 35%。

新通路有新玩法，老模式有老规则。

线下购物，营销讲究渠道为王、货架竞争、央视广告……购买便利和有权威媒体背书是获得顾客青睐的法宝，制胜靠渠道和广告。货架电商讲究流量、性价比、爆品战略、好评……要买流量，要导流，要有性价比，要有“包邮”“退货包运费”“回头客常拼”等标签，方便消费者对比下单。而到了内容电商这里，内容变成了营销的关键，用优质内容驱动付费交易。不是赤裸裸地直接卖货，而是基于“有需求价值的内容”去影响消费者的购买行为。“香喷喷的黑芝麻，40 块钱一斤！”这是传统售卖。“每一粒黑芝麻，都来自我们的生态农场，九次蒸透，九次晒足，这不是流水线的速成，而是时光与手掌的温度。”这是内容电商，有场景，以有需求价值的内容影响用户决策。

与货架电商（购物工具，购完即走）不同，内容电商占据用户大量前端时间，有助于丰富用户标签、优化算法推荐能力，因此适合切入非计划性购买场景，以及非价格敏感型、用户需求共性低的类目，如化妆品、特产、配饰、书籍等品类。某知名财经作家卖奶粉，只卖出了十几罐，一是出在选品上——如果奶粉是非标品（不能在各个维度完成对比），那么没有哪个妈妈愿意给孩子尝试；二是出在与自身人设（内容定位）的偏离上——财经作家可以像樊登一样卖书，但卖奶粉就略显违和。

内容电商之所以蓬勃发展，主要有这几个原因：可以生动展示使用场景，影响用户心智，刺激购买需求；种草即拔草，路径简化，刺激购买欲望；在销售的同时，品宣合一，增加品牌曝光度，提升品牌影响力；以人为 IP 背书，解决信任问题，刺激需求。有些商品品类是“低信任品类”，比如特产、茶叶、酒水、化妆品、饰品、红木，在购买时，消费者要想验证这饼茶叶、这条手链、这个紫砂壶、这片面膜是否真如商家所描述的那样是有难度的。信息的极度不对称，导致极度不信任。而内容电商以人为信任的尺度，把商品难以传递的价值，借助人与人之间的信任卖出去，这是内容电商存在的价值空间。

在传统电商平台，我们“缺什么买什么”，而在内容电商平台，我们常常会买一些新东西，因为我们的潜在需求被激发了。

激活交易

美国顶尖募资人奥伦·克拉夫在《需求唤醒：如何改变别人的认知，让他下单》这本书中提出，商品是“买到的”，而不是“卖掉的”，只有客户自己提出了需求，并且让销售方来满足此需求，才能达成交易。要学会“激活交易想法”，直播带货要做的，是把交易的想法传递给用户，让对方认为这些想法是他们自己的需求。毕竟我们买东西是自己想买才会买，而不是卖什么我们就买什么。

我们平时逛街买东西时，常常会遇到这样的状况：你只是想简单看一下店内的商品，但是导购一直如影随形，不停地问你问题，并拼命地把商品推销给你。面对这样急于成交的店员，我们的第一反应就是反感和抵触。而如果是你自己看上了店里面的一件商品，虽然它有点贵，但你一直对它念念不忘，最终你还是以超出预算的价格将它买下了。两种行为背后的心理差异就在于，前者是别人将他的想法硬塞给你，但后者是出于你自己的喜好。

奥伦·克拉夫的带货技巧叫"flip the script"，这个英文俗语的意思是打破常规，不是强攻，而是先想办法绕过别人的心理防御机制，激活其内在需求。一旦你抛出的想法在对方的意识中生根发芽，对方就会认可这个想法是自己的，自己的确有某种需求，所以现在给人推荐商品不叫"安利"，叫"种草"。你如果能帮助对方满足这种需求，他们反而会感谢你。针对这一带货技巧，克拉夫给出了以下6条建议，现在的直播带货，许多大主播其实用的也是这几招。

（1）有效利用圈子，找到目标用户。圈子的特点是，圈内客户都有统一的身份标签，比如大学生、宝妈、白领等，圈子里人们的需求不仅高度重合，而且在圈子里交流可以缩短安全距离。比如直播销售尿不湿，如果主播说"我家孩子用过了，不漏尿、不红屁屁”，立马就能拉近与正在观看直播的宝妈的距离，提高成交率。

（2）加载确定性，通俗点说就是，信我，没问题。做买卖的时候，中间会有很多不确定性，这时候一定要表现出自己很专业。为什么很多人都信任李佳琦推荐的口红？因为他最初专注于口红领域，对口红足够了解。

（3）预设信息。大脑存在三条优先信息通道，即使面对大量信息轰炸，它也会迅速注意到三类信息。1）情绪信息，这是大脑最先注意到的信息类型，它与我们是否感觉安全、舒适密切相关。2）显著性信息，即那些与众不同的信息，比如在人群中，穿着鲜艳衣服的人更容易被注意到。3）习惯性信息，即那些我们经常接触、已经形成习惯的信息。这些信息由于频繁出现，大脑会对其产生预期，因此在面对新信息时，习惯性信息会被优先处理。直播带货要预先设置好这三类信息。比如，直播间里这个商品很少，如果不快速抢购就没了（情绪信息）；这个商品比所有平台与其他直播间优惠（显著性信息）；你买的是必须要买的，是大家需要的（习惯性信息）。

（4）普通的力量。新奇也意味着新的机会，但新奇也意味着风险，人们会更乐意接受普通加一点新奇的东西。所以我们在销售新的产品时，要注意技巧，从普通出发，把新奇的东西或想法打包在里面。比如董宇辉在直播间这样介绍铁锅，“是妈妈的手，父亲忧愁的面容，是老人盼游子回家的心”。

（5）利用消极心态，正话反说。事物总是存在正反两面的，如果过于强调“多好多好”，全是正面信息，反而让人感觉失真，会认为你隐藏了很多负面的信息，那还不如主动引导对方思考负面因素。比如，“这个产品啥都好，唯一的缺点是价钱有点高”“这个车性能挺好，就是有点大了，有时出门不好停车”，说的是缺点，其实也是优点，很可能会帮助成交。

（6）发挥人格魅力。经过前五个步骤，种草基本成功了，只是在等一个合适的购买机会。你务必要保持坚定的立场，让别人觉得你是活生生的人，始终如一保持自己的个性。在直播间讲故事就是一个很好的方法，这能给人以代入感，毕竟，如前文所说，谁能拒绝一个讲故事的人呢？

打造 IP

在这个内容电商、直播电商、网红经济盛行的时代，有影响力的主播的 IP 打造非常关键。要想成为辨识度高、让人共情、有信任度的超级 IP，让用户愿意为之付费，以下几点至关重要。

（1）有自己的明确定位。“定位之父”艾·里斯在《品牌的起源》这本书中指出：打造品牌最好的方法就是“创造新品类”，必须理解分化、寻找机会，通过现有品类的分化，创造出新品类，成为新品类中的第一个品牌。要想打造个人 IP，必须明确定位，找到自己的标签，比如汽车圈、母婴类、情感类、知识类主播等。定位决定道路。随着越来越多的品牌、MCN 机构签约的个人主播进入直播电商行业，打出差异化显得尤为重要。MCN机构也会孵化原生主播，从不同维度去提升其影响力，以覆盖更广泛的用户群体，积累粉丝。在专业机构的运作下，主播的个人标签会变得越发明确，主播之间的差异将更加突出。

（2）持续输出有价值的内容。主播不要仅停留在产品推荐层面，要输出真知灼见，输出能解决用户痛点的知识。这需要平时投入时间积累素材，精心准备。

（3）积累并维护自己的影响力。MCN机构、直播平台可以积极举办活动，东方甄选就通过陕西行、云南行等方式提升了自己的影响力；还可以与知名品牌合作，借助其影响力提升自身的知名度；同时主播也要维护社交关系，保持自己的影响力。

周鸿祎曾经在分享自己打造IP的经验时，给过两条颇为中肯的建议。

第一条是不要居高临下，说话不要有“爹味”。他说，老百姓来看你直播，是跟你平等交流的，所以你不能居高临下、自吹自擂去教育别人，而要放下身段，能够自嘲和自黑。

第二条是不能只打广告，如果只是广告宣传，老百姓也看不下去，所以还要有关于生活的泛内容，才能赢得泛粉丝。

结构洞

《结构洞：竞争的社会结构》的作者罗纳德·伯特在该书中提出了“结构洞”理论，该理论主要研究人际网络的结构形态，分析如何利用网络结构形态给网络行动主体带来更多利益。他认为，个体在人际关系网络中的位置决定了个人的信息、资源和权利，如果人际关系网络中存在空隙，那么将没有直接联系的两个个体联系起来的个体将拥有信息优势和控制优势，能够获取更多的经济回报。

显然，在电商领域，直播平台和主播充当了联系人这一角色，而且它们有时比传统链条式商业模式下的零售商做得更加出色。

在一维模式下，商品和信息只能沿着一条线，即厂家—经销商—零售渠道—消费者直线传递，经销商与渠道倾向于卖利润高的产品，这种情况下白牌商品没有机会走入大众视野。在二维模式下，消费者接触的是一个平面，在弱关系作用下，以主播及直播平台为核心组织起来的平面，允许更多商家或品牌信息渗透过来直达消费者，使小众的、个性化的、定制的、品牌知名度低的商品得以展示，给了白牌商品一夜爆红的机会。二维模式支持C2M（顾客对工厂），直播平台填补了人际关系网络中的空隙，充当了厂商或品牌与消费者之间的信息代理。对消费者需求有深刻理解的主播及其机构，代表消费者与厂商进行沟通，厂商据此进行定制化生产或优化升级。短链条下的良性循环，使系统中的各方实现了各自经济利益的最大化。

029
非理性时代的理性言说

中风和意外事故、龙卷风和哮喘、得病和意外事故、意外事故和糖尿病。以上每组内两两对比，哪一种致死的人更多？

人们的印象与真实数据差距悬殊：中风致死的数量几乎是所有意外事故致死总数的 2 倍，但 80% 的受访者却判断意外事故致死的可能性更大；人们认为龙卷风比哮喘更易致死，但实际上后者的致死率是前者的 20 倍；得病致死的概率是意外事故致死的 18 倍，但两者却被认为概率相等；意外事故致死的概率被认为是糖尿病的 300 倍，但真正的比率却是 1∶4。

心理学家保罗·斯洛维奇和决策学专家萨拉·利希滕斯坦在做可得性偏见的研究时发现了上述现象。他们试图通过这一研究说明，风险其实不是客观的，认知是可以被引导而改变的。

道理显而易见：人们对死亡原因的估测因媒体报道而改变。

报道往往偏向新鲜和尖锐的事。媒体不仅影响公众兴趣，也受到公众兴趣的影响。

关于意外或风险的媒体报道，总能抓住部分公众的注意力。注意力会变成对意外与风险的焦虑，这种情感会推动媒体跟进报道，继而令人产生更大的焦虑感，这个循环常常会因为媒体对议题的设定或操纵而加速运行。媒体或自媒体竞相制造吸引人眼球的头条新闻，此时，如果一些科学家和专业人士试图抑制负面新闻带来的这种焦虑感，恐怕会收效甚微，不但不能达成初衷，反而会激起敌意，让公众觉得所有宣称"风险有夸大其词成分"的人都有欲盖弥彰的嫌疑。

品牌传播团队要抵挡的，很多时候就是这种非理性焦虑。要通过媒体来调试公众认知。

承认心智局限

查尔斯·麦基在《大癫狂：非同寻常的大众幻想与群体性疯狂》中，列举了数百年以来引发群体非理性行为的种种荒唐事件，比如密西西比泡沫、郁金香狂热、炼金术士的谎言、末日预言家引起的群体恐慌等。这些事件和身处其中的人们在事后看来都非常匪夷所思。其实这些愚昧的、利益驱使的本性在世界各地都存在，而且也不仅仅存在于历史的某个阶段。

人之所以容易受舆论左右，更深层次的原因，应该是恐惧。恐惧自己不能登上大好时代的帆船，恐惧自己只能眼看着别人发家致富。

要想调试公众认知，首先就要了解公众认知——人的大脑认知风险往往会限于二元，要么完全忽视风险，要么过于重视风险，没有中间地带。

丹尼尔·卡尼曼有一个经典论述：从心理学角度看，认知与选择通常会受问题所激发的大脑区域对应的工作模式控制，甚至在相同或类似的问题下，由于大脑采用了不同的决策模式，它最后选择的结果也会大不相同。在前人对快思考和慢思考的研究的基础上，卡尼曼用系统 1 和系统 2 这两个因素来描述人的思维活动，系统 1 和系统 2 分别产生快思考和慢思考。

心理学家、决策研究者沙恩·弗雷德里克举过一个直观的例子：如果 5 台机器生产 5 个部件用时 5 分钟，那么 100 台机器生产 100 个部件用时多少？看到这道题目，许多人头脑中会不假思索地跳出一个答案——100 分钟。这是由系统 1 得出的错误答案；而深思熟虑一会儿后，系统 2 得出了 5 分钟这一正确答案。

我们的大脑有很多局限，往往对自己认为熟知的事物确信不疑，轻易得出结论。思考模式已经潜移默化地融入我们的生活，这就是世间为什么会有大量的谬误和偏见。很多情况下，主导思考和决策的主角，并非被人们广泛接受的“理性”，而是“直觉”。直觉对我们的观点和行为有无所不在的影响，却存在不可避免的错误和偏颇。我们对可能性和不确定性的主观臆断导致我们过分自信和决策失误，对于同一情境做出的不同反应依赖于我们思维中已有的存在。

坏比好更强大

除了心智局限，人的情绪也有局限。

心理学上有一个概念叫消极偏见，即相对于能带来愉悦和幸福的好事，人们更倾向于关注和讨论那些会导致紧张、沮丧甚至痛苦的坏事。人们在认识他人或外部事物时，对正面信息和负面信息形成的印象总是不均等的。很多事情并不是那么十恶不赦，只是当你的情绪深陷其中的时候，总觉得事态很严重，严重到你必须采取一种极端行动，这件事才能过去。而当你走出来再回头看时，却发现那不过是小事一桩。事情本身并没有变，不过是你的视角欺骗了你。消极偏见纯粹受个人消极情绪和视角的影响。

比如，你刚捡了100块钱，随后又把它弄丢了。丢失100块钱所造成的懊恼，要远远超过刚刚捡到100块钱时的欣喜；在等红灯时，旁边车子里的人朝窗外丢了张纸，你会对此印象深刻，却不记得他遵守了交通规则。人们常常把别人偶尔的“坏”记得牢牢的，却把他平时的“好”抛在脑后。

社会心理学家罗伊·鲍迈斯特和专栏作家约翰·蒂尔尼在《会好的：悲观者常常正确，乐观者往往成功》及《“坏”比“好”更强大》中，都在重点说一个观点，我们觉得身边的坏消息比好消息更多，是基因和自然选择共同决定的结果。为了生存下去，我们的祖先对致命的危险保持警惕，相对于“好”，他们往往更专注于“坏”。当然其负面影响也是显而易见的，那就是我们容易在潜意识中放大危险因素，判断失误，做出非理性的选择。

大家日常看新闻，似乎感觉好消息凤毛麟角，坏消息层出不穷，比如物价上涨、失业潮、自然灾害、恶性案件等，这些都让我们的悲观情绪不断加剧。事实上，好消息有很多，只不过在我们的日常生活中，平平无奇是常态，大家对坏消息的印象比对好消息的印象更深、更持久。这种消极偏见无处不在，广泛影响着社会公众的心理状态。

在短视频时代，消极偏见被许多网红利用，以此增加流量。因为负面新闻容易吸引眼球，让人忍不住要点开标题一探究竟。

如果我们不知道如何克服这种消极偏见带来的影响，“坏”就会一直扭曲我们的情绪和世界观。每个人都难免被消极偏见影响，但每个人也都有能力看到事物积极的一面。

北美原住民群体流传着一则寓言故事：我们每个人的心里都有两只狼，一只是积极正向的狼，一只是消极负向的狼，哪一只狼能获胜取决于你要喂养哪一只。美国管理学家弗雷德・卢桑斯提出的培养希望、乐观、韧性等心理资本有助于成功的观点与之类似。当你总是从积极的一面考虑事情的时候，幸运如同排队等候的顾客一样，一个一个轮流来；当你总是从消极的一面看待问题的时候，你会觉得，世界上没有人比你更惨了，在你自己编织的惨境里，你只会越来越惨。

030

不确定时代的确定性

在这个快速变化的时代，无论是具体的个人、群体，还是抽象的商业环境、社会结构，都不可避免地面临不确定性的挑战。

这个不确定性不是互联网从业者常说的变化，这个不确定性更多维、更复杂、更加不可预测。

在高度不确定性之中，我们尝试寻找确定性，但确定性在哪里？日常所见皆是现象，现象背后是本质。找不到本质，就很容易焦虑、迷茫、无措。

我们尝试从几个角度来探讨确定性。

第一性原理

有些时候，第一性原理可以帮我们拆解问题，提升思维效能。

第一性原理是一种思维模式，它要求从最基本的、不可再简化的原理出发，通过逻辑推理，找出问题的本质和解决方案，而非依赖类比或经验。其核心思想是不断剖析问题的结构，直至无法再分解；一层层拨开事物表象，看到里面的本质，再从本质一层层往上走。

第一性原理的概念最早可追溯到古希腊哲学家亚里士多德提出的“首因”概念，后者强调通过分解问题，将其归结到最基本的、不可违反的原理上，以理解事物本质。他认为，在任何一个系统中都存在第一性原理。而在物理学领域，牛顿的力学和爱因斯坦的相对论都基于第一性原理。

埃隆·马斯克是第一性原理的成功践行者，在多个领域都展现了其创新能力与领导力，如PayPal、SpaceX、特斯拉等。他说，我倾向于以物理框架来研究事物，我运用第一性原理，而不是类比思维去思考问题。

在管理学中，第一性原理是关注组织本质，提高决策效率，找到最佳解决方案，推动组织创新。

在日常生活中，第一性原理是做减法，不断精简，剥离无效部分。

有人在网上贴出过马斯克卧室的照片，可以看到房间里只有一张床垫，连床都没有。地板上放着几件衣服、一个背包和两台笔记本电脑。马斯克回复这张照片说：“和真实情况差不多，实际上上周我是在朋友家的沙发上睡的。”

史蒂夫·乔布斯也是这样，《乔布斯传》里说，他在伍德赛德的房子里只有几件简单的家具，他的卧室里有一个抽屉柜和一张床垫，充当餐厅的房间里放了一张牌桌和几把折叠椅。他和家人只购买生活必需品和真正喜爱的家具。

第一性原理的精髓是从事物本质出发，将结果与源头的关键因子联系在一起思考以获得洞见。SpaceX 成立之前，一枚火箭的市价大约是 6500 万美元，但马斯克发现，生产一枚火箭所需的主要材料的总成本只有 13 万美元，仅占成品火箭市价的 2%。这一发现让马斯克认为，商业火箭里一定蕴藏着利润可观的商机，于是他决定自己造火箭，创立了 SpaceX 公司。北京时间 2018 年 2 月 7 日，SpaceX 的“猎鹰重型”运载火箭首次成功发射，该火箭的成本比 NASA 的低得多，而且完成了两枚一级助推火箭的完整回收任务，取得了巨大成功。这让马斯克身价暴涨。

SpaceX 推出的第三代猛禽发动机（Raptor3）与之前的版本相比，其推力、比冲都显著提升，质量也更轻。第三代的简洁设计令人赞叹，第一代发动机上布满了错综复杂的管路，这是火箭发动机常见的设计风格；到了第二代，这些小管路已显著减少；第三代彻底改变了人们对火箭发动机的传统印象，几乎所有小管路都消失了，发动机本身显得非常简洁，宛如一把“黑铁巨剑”。对于火箭发动机这样极端复杂的系统，减少部件数量意味着降低故障率。第三代猛禽发动机的极简设计显著降低了发生故障的可能性，它通过 3D 打印技术，将复杂的管路集成在结构内部，大幅提升了可靠性并减轻了重量。

第一性原理的最可贵之处，在于它倡导打破一切知识的藩篱，获得用常规方法无法获得的洞见。而在改良与改革中，改良以创新为根基，改革是从洞见出发的。

太多人喜欢归类思维、比较思维。遇到一个事物，总喜欢去归类。归类思维是一种惰性思维，重要的颠覆式创新往往是无法归类的。

而在比较思维中，横向比较体现的是竞争意识，如彼得·蒂尔在《从 0 到 1：开启商业与未来的秘密》中所说："竞争是一种观念——这种观念在整个社会中蔓延，扭曲了我们的思想。我们宣扬竞争，内化竞争的必要性，颁布竞争的条律；结果就是，尽管竞争越来越激烈，我们实际获得的却越来越少，我们把自己困在了竞争中。"纵向比较则是基于过去的经验和历史的比较。"商业世界的每一刻都不会重演。下一个比尔·盖茨不会再开发操作系统，下一个拉里·佩奇或是谢尔盖·布林不会再研发搜索引擎，下一个马克·扎克伯格也不会去创建社交网络，如果你照搬这些人的做法，你就不是在向他们学习。"彼得·蒂尔说。

马斯克对项目的判断标准是，这件事情在物理层面上是不是行得通。他直接从最核心的问题开始着手，然后一步步解决它，这是他跟其他一些企业家不太一样的地方。

我们常常被各种声音、场景、情绪裹挟，然后忘记了第一性原理。找到第一性原理，就是回归本质，找到问题的底层逻辑。

这是思考问题的第一步，也是最难的一步。

通过第一性原理我们可以发现一些确定性。

一切问题都是价值观问题

从第一性原理，我们再聊聊决定确定性的价值观。

价值观是我们思考和决策的核心层面，它决定了我们如何看待世界、如何做出选择以及如何解决冲突。

你为钱苦恼，说明你在意钱；你为爱情困扰，说明爱情对你来说很重要。有朋友曾苦恼地说，同事有时候没情商，对自己不够尊重，对老板却很恭敬。其实这很简单，对你是否尊重，取决于你在别人眼中的价值和对方的价值观。

价值观决定了态度，态度指引着行为，所以当一个人做出了你不喜欢的行为时，要尝试理解其行为背后的价值观。

当别人认为你有价值时，就会持肯定态度；当别人认为你没有价值时，就会采取否定态度；介于两者之间时，则采取中性态度。

价值大小决定了态度强弱，强烈的肯定态度引发立即做的行动，强烈的否定态度引发不想做的抗拒，中性态度引发可做可不做的无所谓姿态。

而产品或服务有没有价值，或者究竟有多大价值，既取决于别人对它的价值判断，也取决于这个人的价值观。

价值观是指一个人对周围事物（包括人、事、物）的意义、重要性的总评价和总看法。对诸事物的看法和评价在心目中的主次、轻重的排列次序，就是价值观体系。

价值观和价值观体系是决定人的行为的心理基础。价值观后天形成，是个人在走向社会的过程中培养起来的。个人的价值观一旦确立，便相对稳定，不易改变。

那么人的价值观有哪些类型呢？爱德华·斯普兰格、戈登·威拉德·奥尔波特等人认为，人的价值观大致有六种。

（1）经济型价值观。以效率和实用为中心，认为世界上的一切事物，实惠的就是最有价值的。这种价值观具有务实的特点，追求财富、资源，对有用的东西感兴趣。一些企业家、实用主义者就有这样的价值观。

（2）理论型价值观。以知识和真理为中心，具有理性价值，把追求真理看得高于一切。有这种价值观的人追求智慧和兴趣，有求知欲，富于幻想，有点儿理想主义，重视用批判和理性的方法寻求真理。一些学者、知识分子有这样的价值观。

（3）政治型价值观。以权力地位为中心，有这种价值观的人把权力和地位看得很重要。他们追求权力、影响力和声望，喜欢支配和控制他人。一些政治家、官员、大企业的高管有这样的价值观。

（4）社会型价值观。以关爱和奉献为中心，把为群体和他人服务看作是最有价值的。社会型价值观提倡热心社会活动，尊重他人价值，注重利他与人文关怀。一些医生、教师、公益机构人士有这样的价值观。

（5）审美型价值观。以美感和和谐为中心，把美和协调看得比什么都重要。其追求形式上的完美与和谐，倾向于用对称、均衡、和谐等美的原则来评价事物。一些从事艺术、电影创作和美学评论的人有这样的价值观。

（6）宗教型价值观。以精神信仰和超自然力量为中心，认为信仰是最有价值的，最高的价值就是统一和整体，相信神和命运，寻求把自己与宇宙联系起来的方法。一些宗教人士有这样的价值观。

价值观不同是人与人之间常见的差异。同事之间，价值观相同可多聊，价值观不同也不应影响合作。家人、亲戚朋友、合作伙伴，各有各的价值观，不能强求，各美其美，各自自洽就好。

态度决定一切吗

态度是个体对特定对象（人、观念、情感或者事件等）所持有的稳定的心理倾向，是联系个体内外世界的桥梁。由态度出发，向内可探究个体心理状态，向外可对行为进行某种预测。

米尔顿·罗森堡和卡尔·霍夫兰提出的 ABC 态度模型是消费者行为研究的重要抓手，该模型认为，态度由情感（affect）、行为倾向（behavior tendency）和认知（cognition）三种成分组成，这三种成分相互影响，协调一致，才能形成稳定的态度。

情感是指个人对态度对象肯定或否定的评价，以及由此引发的情绪。情感是态度的核心和关键，既影响认知，也影响行为倾向，如尊敬 vs 蔑视，同情 vs 冷漠，喜欢 vs 厌恶等。

行为倾向是指人们对态度对象所预备采取的反应或行为准备状态。

认知是指个人对态度对象的心理印象，包括相关事实、知识和信念。认知是态度的基础，是带有评价意义的叙述，包括认识、理解、相信、怀疑以及赞成或反对等。

心理学、行为学，包括现在的消费者行为研究，之所以研究态度，主要是认为，尽管态度和行为的关系比较复杂，但在很大程度上，态度决定行为，通过态度可以预测人们的行为。

心理学家玛丽·罗特巴特做过一个实验，让两组学生看同一张人物肖像：一个坐着的中年男子的侧脸，没有特殊表情，只是平静地看着前方。

A 组学生被告知这是一个狂热的纳粹分子，B 组学生则被告知这是反纳粹运动的地下领导者，并勇敢地拯救了数以千计的犹太人。

结果 A 组很自然地将他评价为“冷酷无情”，B 组则认为他是热情和慈善的。

同样的图片却得出两种截然不同的结论，差别在于态度背后的情感、行为倾向和认知。

埃略特·阿伦森、蒂莫西·D. 威尔逊等人在《社会心理学》中提出，态度会影响你对其他相关信息的知觉，而且很难改变。

最直接的表现是“贴标签”，即刻板印象，把一种概括性的固定下来的看法当作他人应有的特征，而忽略了个体差异。

美国社会心理学家戈登·奥尔波特在《偏见的本质》中说：“标签的作用犹如一个拉响的汽笛，它让我们对所有平时能感知到的细微差异充耳不闻。”

美国心理学家乔纳森·弗里德曼认为，态度对任何给定的客观对象、思想或人来说，都是包含认知成分、情感成分和行为倾向的持久体系，态度是一种持久的、稳定的心理倾向。

态度的形成受环境因素（包括社会环境、家庭环境、同伴和团体）和个体学习（包括强化学习、模仿和观察学习）两方面影响。

对个人而言，智力因素和非智力因素是影响行为的两大因素，态度是影响行为的非智力因素。

美国心理学家诺曼·梅尔提出了一个工作成绩公式：工作成绩＝动机（态度）× 能力。根据这一原理，我们可以认识到态度在工作中的关键作用。

丹·艾瑞里在《怪诞行为学》中提到，我们同时生活在两个不同的世界：一个世界由社会规范主导，另一个世界由市场规范来制定法则。社会规范包括人们互相之间的友好请求，一般是友好的、界限不明的、不要求即时回报的。而市场规范不受友情的影响，界限十分清楚；这个世界的交换是黑白分明的，考虑工资、价格、租金、利息，以及成本和赢利，市场规范意味着利益上的比较和及时偿付。

丹·艾瑞里强调的一个事实是：一旦社会规范与市场规范发生碰撞，社会规范就会退出，而且它将很难重建。

举一个例子。一家幼儿园进行实验，对接孩子迟到的家长罚款，可是效果并不好，而且还带来了长期的负面影响——在罚款之前，家长迟到会为此感到内疚，因为他们遵循的是社会规范；可是罚款之后，他们只需要付钱就能心安理得，“迟到”有了价格。更糟糕的是，后来幼儿园取消罚款，家长们迟到得更频繁了，因为他们发现价格变成“零”了。这时候，社会规范和市场规范都没了。

再比如，你让同事帮你搬把椅子，同事可能很乐于帮你，但如果你和同事说搬把椅子过来，奖励 20 元，可能反而没人理你。

美德是市场规范买不来的。金钱到最后经常是最昂贵的激励方式。社会规范不仅成本较低，并且往往更有效。因此企业会给员工传递价值观，提供各类福利，营造亲善氛围，增加员工的使命感和自豪感。同样，企业可以通过赠送礼物等社会规范方式来吸引顾客。

从马斯洛需求层次理解消费者价值

贝恩公司在《哈佛商业评论》上发表过一个“消费者价值要素金字塔”。其与在线取样和数据收集公司 Research Now 合作，通过对 1 万多名消费者以及近 50 家公司的调研和访谈，梳理出了能帮助公司实现业绩增长、产品改进和服务优化的 30 个价值要素（见图 5-8）。

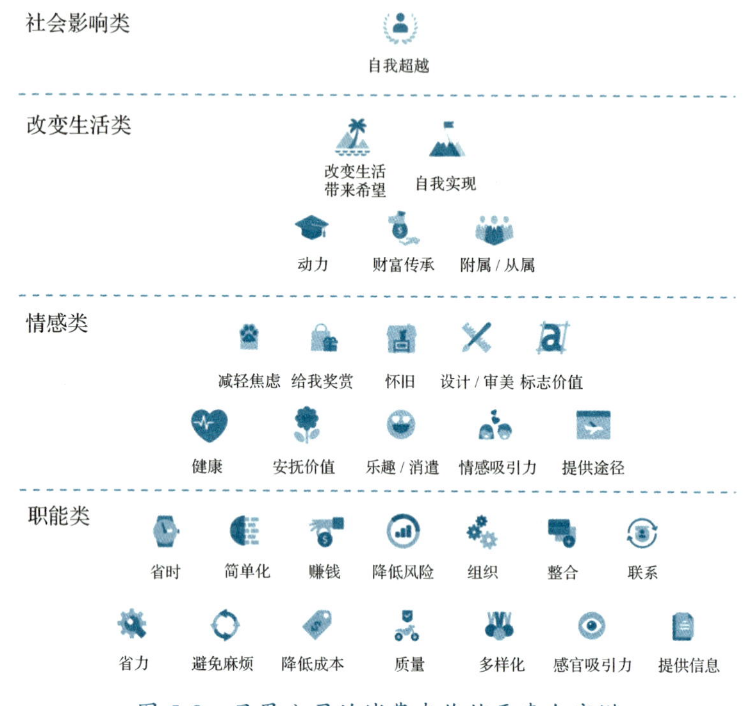

图 5-8　贝恩公司的消费者价值要素金字塔

这 30 个价值要素可以被分为 4 个层级，自上而下分别为社会影响类、改变生活类、情感类、职能类。

任何一个产品或服务，都至少能提供一个价值要素。能提供的价值要素越多，在市场上的号召力就越强。但只有正确的价值要素组合才能赢得忠实的消费者、持续的业绩增长，让更多人愿意尝试你的新产品或服务。这不是说 30 个价值要素要全包括了才行，苹果也才在 11 个价值要素上做得不错。而是说，你提供的价值要素组合越丰富，在市场上的命中率越高。

这个“金字塔”脱胎于心理学家马斯洛提出的需求层次理论：只有满足了底层最基本的需求，消费者才会考虑上层的需求。相比马斯洛的模型，消费者价值要素金字塔着重于解答是什么动机驱动着消费者做决策。

这不是一个完美的理论模型，30 个价值要素也不是同等重要。质量在被调研的所有行业中都是最重要的。除了质量，其他价值要素的重要性根据行业不同而不同。图 5-9 展示了 10 个行业中影响客户忠诚度的前 5 大价值要素。

服装零售	折扣店	百货	食品和饮料	智能手机
质量 多样化 避免麻烦 设计/审美 省时	质量 多样化 避免麻烦 设计/审美 给我奖赏	质量 多样化 感官吸引力 降低成本 给我奖赏	质量 感官吸引力 多样化 设计/审美 安抚价值	质量 省力 多样化 组织 联系
电视服务提供商	**零售银行**	**代理**	**汽车保险**	**信用卡**
质量 多样化 降低成本 设计/审美 乐趣/消遣	质量 提供途径 财富传承 避免麻烦 减轻焦虑	质量 赚钱 财富传承 多样化 提供途径	质量 减轻焦虑 降低成本 提供途径 多样化	质量 给我奖赏 财富传承 避免麻烦 提供途径

图 5-9　10 个行业中影响客户忠诚度的前 5 大价值要素

在零售银行业，排在质量之后的是提供途径和财富传承。在食品和饮料业，排在质量之后的是感官吸引力。

知道消费者关注哪些价值要素后，可以尝试改善现有产品或服务中最核心的价值要素，至少在最基本的层面上让消费者觉得满意；在现有的价值要素上还应该琢磨，有哪些价值要素可以增加，在更广泛的层面上增加消费者对产品或服务感知到的价值。

别研究个人，研究社会

理论物理学家马克·布坎南认为，了解人没用，要了解群体组织的规律。

就像他在《隐藏的逻辑：乌合之众背后的模式研究》中指出的那样，人并没有传统社会学认为的那样特殊，人和其他一切社会构成一样，也是构成社会的社会原子，是自然界的一部分；人类社会之所以纷繁复杂，是因为人和人、人和群体、群体和群体之间的互动模式千变万化，互动模式最值得研究。

当然，这并不是说无须去了解个体，人自身的属性也会影响群体的行为。布坎南说，对于社会性现象，应以群体而不是个体为研究对象，只有在群体的层面上才能看得更准确。

布坎南提到美国士兵虐囚事件，这些士兵本来在国内是高中生或大学生，并非邪恶的坏人。与之类似的还有菲利普·津巴多教授的斯坦福监狱实验中学生的表现，以及酿成历史悲剧的卢旺达大屠杀，人们甚至无情地把自己熟识的邻居给杀掉。布坎南说人们的这种突然变化莫名其妙、让人困惑，问题实际上在于群体逻辑，而不是这些人本身。一些突然的群体性暴乱行为，或者一时的流行时尚，都和人们的模仿或盲从有关。就像大家在鼓掌的时候，也是随着别人开始鼓掌而鼓掌，随着别人掌声的结束而停止鼓掌。

按照布坎南的看法，人类应该被看作没有自由意志且不能控制自己行为的机器人。但即使人类是机器人，人类的智能也能引发复杂行为，自身会根据情况调整行为。这又回到了我们第一讲所探讨的，是众愚成智还是众智成愚。